抱朴

抱
朴

方北辰 ◎ 著

群雄盟主的
伤心泪

上海古籍出版社

图书在版编目（CIP）数据

袁绍：群雄盟主的伤心泪 / 方北辰著 . —上海：
上海古籍出版社，2024.5
（方北辰说三国）
ISBN 978 - 7 - 5732 - 1138 - 5

Ⅰ.①袁… Ⅱ.①方… Ⅲ.①袁绍（？ -202）-传
记 Ⅳ.①K827=36

中国国家版本馆CIP数据核字（2024）第078993号

方北辰说三国
袁绍：群雄盟主的伤心泪
方北辰　著
上海古籍出版社出版发行
（上海市闵行区号景路 159 弄 1-5 号 A 座 5F　邮政编码 201101）
（1）网址：www. guji. com. cn
（2）E-mail：guji1 @ guji. com. cn
（3）易文网址：www. ewen. co
浙江临安曙光印务有限公司印刷
开本 787×1092　1/32　印张 9.375　插页 6　字数 156,000
2024 年 5 月第 1 版　2024 年 5 月第 1 次印刷
ISBN 978 - 7 - 5732 - 1138 - 5
K·3587　定价：58.00 元
如有质量问题，请与承印公司联系

自　序

古语说得好，开卷有益。而开卷读三国，纵观历史风云变幻，品味英雄奋斗人生，从而开阔眼界，洞察人性，增长智慧，提升能力，确实可以获益良多。

袁绍，字本初，东汉末年群雄起兵声讨元凶董卓的联军盟主。他出自名列全国第一的高门华族，先辈四代都是朝廷的顶级高官，门生下属遍布天下。他本人一度拥有北方黄河流域的大部分地域和众多人口，总体实力也是首屈一指，傲视天下。他是曹操早年创业时，多次给予大力支持的恩人，又是曹操后来站稳脚跟时，直接面对的最强劲对手。此时他已经雄踞北方四个州的辽阔地盘，曹操才仅仅只有一个州的根据地，比例是悬殊的四比一。因此，袁绍是当时群雄之中，最有可能消灭曹操的最强者，也是最有可能取代东汉皇朝自行称帝，从而改写三国历史的最强者。

可惜的是，上帝赐予他绝对优势的资源，却没有赐予他绝对优势的成功；成功不成功，要由他通过全面提升自己去争取。然而他没有认真全面提升自己，只想坐吃家传的老本，动辄就夸口我们袁家的先辈是如何如何的显赫，门第又是如何如何的高贵。于是乎，他表现出严重分裂的二元化人格，为人处事总是相互矛盾：大力招纳人才，但又不予重用；广泛听取谋略，但又不予实施；独自控制大权，但又优柔寡断。归总是六个字：志大但又才疏。

最后他的下场极为悲惨，本人因为忧恐而死，儿子们又相互残杀，美貌媳妇也成了曹操儿子曹丕的战利品。他为后世提供的可贵启示，首先在于，不论你爸你爷你祖是谁，即便是天下的第一豪门，只要你不能时刻警醒自己，认真努力上进，都可能有你痛哭后悔的那一天。还有就是，千万不要眼高手低，才疏不说，偏偏又还志大，到处都摆出一副牛气冲天的模样，否则最终会遭到世人的无情嘲笑。

本书描绘了他以盟主身份号召天下的"金玉其外"，也记录了他纨绔子弟目空一切的"败絮其中"。总之，这是一部群雄盟主自取灭亡的伤心史。

　　除袁绍之外，这一套系列作品还包括吕布、曹丕、刘备、孙权、陆逊及司马懿的个人评传。每部评传的净字数，大多不超过 15 万字，属于便携式的"口袋书"。作品的基本定位，是具有坚实学术基础的大众化、通俗性读物。它不像史书《三国志》的文言表述那样艰深难懂，也不像小说《三国演义》那样多有虚构移植，失去历史的原真。我精心选取史学典籍的可靠素材，放手运用文学审美的生动笔法，二者有机结合，力求达到生动有趣、简明流畅、雅俗共赏、老少咸宜的既定水准。

　　作品针对的读者对象非常广泛，不仅适合众多热爱中华悠久历史文化的读者，而且特别适合身处现今激烈竞争社会，非常想从三国英雄创业竞争中吸取有益借鉴的打拼群体和年轻一代。

　　全书内容的创意设计，突出特色有三：

　　一是注意入选对象的代表性。将近百年的三国历史，分为酝酿阶段与正式阶段。上述评传中的吕布、袁绍，是汉末割据群雄中的领头人物，属于三国酝酿阶段的代表；而曹丕、刘备、孙权，分别是曹魏、蜀汉、孙吴三个鼎立皇朝的开朝皇帝，属于三国正式阶段的代表；至于陆逊、司马懿，不仅本身都是出将入相的文武全才，而且两人的儿子即司马师、司马昭、陆抗，都是决定三个鼎立皇朝最终命运的关键性人物，所以属于三国中后期的代表。在他们的创业过程中，又与多位著名英豪发生了密切关系。把这批代表和英豪集中在一起，充分描绘他们各自在三国舞台上的亮丽表演，并给予中肯的精彩点评，所以全书堪称是三国英豪的表演大会。

二是注意入选对象的重要性。上述七位传主，都是各个阶段的主导性人物，风云际会，龙虎相争，他们对三国时期历史的走向和格局产生了巨大的影响。他们的经历又彼此关联，相互衔接，完整呈现出三国历史发展的主要脉络和重要图景，所以全书又堪称是三国历史的趣味读本。

三是注意文化与历史的有机结合。首先，在评传的正文中，随时注意结合历史事实，探求背后隐藏的文化玄机。比如介绍三国君主最初所选定的年号，即曹丕的"黄初"，孙权的"黄武"和"黄龙"，刘备的"章武"时，就对为何前面两者都带有"黄"字，而后面的刘备却不带"黄"字的奥妙，运用汉代流行的"五德终始"思想文化理念，做出了清晰而可信的解读。其次，又对需要专门介绍的文化知识，集中撰写了《三国知识窗》的七个专篇，即轶闻篇、风俗篇、文化篇、政体篇、概况篇、军事篇、人物篇，分别放在每册评传的附录当中，从而给读者提供更加丰富、系统、真实、有趣的三国文化知识。读者结合正文去读知识窗，反过来又再读正文，必定会有更多的新收获。

总之，这套作品属于一个有机的多维度整体：既是三国英豪的表演大会，也是三国历史的趣味读本，还是三国文化的知识窗口。具有如此创意设计的系列性读物，相信会得到广大三国历史文化爱好者的欢迎。

我在大学从事三国学术研究，并持续将学术成果进行大众化的普及，至今已超过 40 年。因为深知学术普及的重要，所以坚持不懈；又深知学术普及的不易，所以锐意求新。谢谢诸位关注这套作品，让我们讲好三国的故事，并且将之传播到世界。

百年三国风云史，尽在静心展卷中！

方北辰

公元 2023 年 5 月于成都濯锦江畔双桐荫馆

目录

第一章

高门贱子

这应当是汉灵帝熹平五年（176年）的暮春时节，中原大地黍稷离离，草木葱葱。

从兖州东郡的濮阳县（今河南省濮阳县），通往豫州汝南郡汝阳县（今河南省周口市西南）的官道上，一队车马正在向南疾驰。

濮阳距汝阳约有六百里之遥。这队车马三天前自濮阳出发，一路晓行夜宿，已经赶了五百多里的急路，现在即将进入汝南郡的郡界。

这队车马的主人，是一位已满二十岁的青年官员。他的身高约有七尺五寸，合今 1 米 8 左右，容貌英俊，风度翩翩。他骑在领头的一匹纯白塞外骏马之上，也不与左右十余名侍从言语，只是不停地挥动手中那柄镶金嵌玉的马鞭。

官道上的行人望见这队威风凛凛的车马，都远远避在路旁观看。目送着远方腾起的黄尘，一些见多识广的老者向路人说道："是袁家公子回老家奔丧来了！"

所谓"袁家公子"是谁？他风尘仆仆赶回老家又是奔谁的丧？且听一一道来。

这位青年官员姓袁，名绍，字本初，就是这豫州汝南郡汝阳县人氏。东汉以来，讲究门第阀阅之风日益盛行。而门阀的高低，主要取决于先世的官位是否连续和显赫，同时也兼及家学渊源，特别是儒学传承的渊源如何。这汝南袁氏，堪称是当时全国数一数二的高门名家。论其先世官位，袁家先祖有四代人做过三公，至于充任三公以下职务者简直多不胜数。所谓"三公"，即太尉、司徒和司空的简化性统称。东汉光武帝刘秀称帝之后，为了防止王莽那样的权臣威逼皇权，便废除了秦、西汉二朝实行的丞相独自执政制度，改行三公联合执政的办法，从而避免丞相控制朝权一支独大。作为中央政权最高一级的执政大臣，三公均有各自的独立办公府署，而府署中的幕僚或办事人员，均由三公本人自行选择任命，无须经过中央人事铨选机构的批准，这在当时叫作"开府自辟掾属"。袁绍的高祖袁安，曾任三公之中的司空和司徒；袁绍的曾叔祖袁敞，曾任司空；袁绍的祖父袁汤，曾任司空、司徒和太尉；袁绍的生父袁逢，曾任司空；袁绍的叔父袁隗，曾任司徒。由于有四代共五人做过三公，所以称为"四世五公"。而曾在袁氏三公府署中任职的部属，以及受过他们援引识拔的后进，数目相当惊人，史称"门生、故吏遍于天下"。

要论家学渊源，汝南袁氏亦有值得骄人的光辉。打从袁绍高祖袁安的祖父袁良起，袁氏就世代传习儒家的经学，特别是以研习《周易》见长。在汉武帝推行"罢黜百家，独尊儒术"的文化政策之后，经学便进入一个飞跃发展的时期，以至于同一部儒家经典的传习亦分成若干个流派，这在当时叫作"家法"。以《周易》为例，便有施、孟、梁丘和京氏四流派或四家法。而袁氏世代研习的《易》学，便属于孟氏流派或孟氏家法。袁绍的曾祖父袁京，在承传家学上的成就最为突出，曾有三十万言的研究专著问世，这在当时算得上是皇皇巨著了。

袁绍出自如此著名的家族，在政治前途上当然吃不了亏。他还是一个垂髫童子之时，父辈即已为他活动到了一个郎官的头衔。所谓的"郎"，乃是正式官员的预备队。东汉时期的中央政府，把那些通过各种途径选拔出来的年轻士人，统统编入皇帝的侍从队伍中，并称之为"郎官"。政府机构所需要的各级官员，多从郎官中择优选用，故而当时之人有"郎官乃储才之所"的评论。郎官中绝大多数是成年人，但也有少量未成年的少年，这就是所谓的"童子郎"。充任童子郎者，几乎清一色是三公或九卿的子孙，普通老百姓的子弟与此完全无缘。可见政界之中依仗父辈为自己开路的不良风气，可以说是由来已久了。

袁绍未成年即捞到一个郎官名额。刚满二十岁的弱冠之年，跨入成人阶段，又被委任为濮阳县的县长。按照汉代典制，凡民户上万的大县，行政长官称为县令；未满万户之小县，称为县长。这濮阳虽是一个未满万户的小县，但对初次正式临民治事的袁绍而言，仍然是一个展现才能建立声誉的好地方。因此，他到任之后，夙兴夜寐，勤于政事，使得濮阳的吏治大有起色，一时间赞颂之声四处流传。可惜的是，正在他大展身手之际，袁绍却收到了从老家汝阳县传来的急信，说他的老母突然病逝了！

得到消息的当天，袁绍便抛下公务，收拾行装匆匆登程还乡。于是，便出现了上文所描述的一幕。

从濮阳到汝阳的官道，沿途要经过四个郡的地界。首先是濮阳县所在的兖州东郡（其治所就在濮阳县）。其次是兖州所属的陈留郡（治所在今河南省开封市东南）。由陈留进入豫州所属的陈郡（治所在今河南省周口市淮阳区），再由陈郡进入汝南郡（治所在今河南省平舆县东北），即可抵达汝阳县城。

一从陈郡跨入汝南郡地界，袁绍便把右手一举，命令身后的车马停了下来。他滚鞍下马，先换了一身新制作的服丧孝服，然后对随从的人们说道："我的车队岂能让许子将看见？你们愿回家者先各自回家，不愿回家者就在此稍作停留吧。"

说完之后，袁绍即跨上一辆比较朴素的马车，独自往汝阳县驰去，只留下那一帮随从的宾客在路旁兀自发呆。

这许子将究竟是何人？他何以能让堂堂袁家公子收敛威风单车入境？这些将在后文中叙述，此处先说袁绍归家后的情形。

袁绍一回到老家，立即以孝子的身份主持办理丧葬事宜。中国古代最重视父母的丧礼，如袁氏这样的经学名家更是如此。袁绍本人又有心把丧事办得十全十美，所以在礼仪制度上完全依据古礼，一丝一毫也不苟且将就。登屋招魂，接受吊宾，沐浴尸身，饭含珠玉（以碎玉杂以饭粒置于死者口中），设立铭旌，小殓悲哭，大殓悲哭，卜选吉穴，挽歌出殡，入穴安葬，垒土作墓，这一大套丧葬程序完成之后，连年方二十来岁的袁绍自己，也感到疲乏不堪。

宗亲宾客看到袁绍那日益憔悴的面容和日益清瘦的身形，无不赞叹他是世间少有的真正孝子。丧事一结束，众人都劝他好生休养一番，以便再回濮阳县上任。但是，袁孝子却向众人公布了自己的决定：不再回濮阳去当县长了，要在老家为慈母守墓尽孝三年。

听了他的决定，人们无不感到大出意外。

人们为何感到意外呢？父母死而子女服丧三年，不正是古礼中的定制么？儒家经典《礼记》的《王制篇》云："父母之丧，三年不从政。"另一部儒家经典《春秋公羊传》鲁宣公元年云："古者臣有大丧，则君三年不呼其门。……君使之，非也；臣行之，礼也。"这不是说得明明白白么？袁绍遵而行之，难道不是应有之义吗？

然而人们的诧异是事出有因的。

原来，自西汉以来，尽管官方把儒学尊崇到无以复加的地步，但这主要是用来要求小民百姓，还美其名曰"施行教化"。至于执政者自身，却并不一定身体力行，为父母服丧之事即为突出的例子。按照西汉政府的明文规定，凡是不为父母服丧三年之平民布衣，均不能参加"孝廉"或"秀才"的人才科目选举，这实际上是断了你的仕进之路和政治前途。可是对于高级官员却非常照顾，他们可享受一种"以日易月"的特殊优待。所谓"以日易月"，即服丧一日算一月，三年有三十六个月，只消服丧三十六天就算满期了。这样一来，官员们名义上享有"孝子"之名，而实际上服丧期只有平民的三十分之一，既不会失去职位，也不影响俸禄，实际利益完全不受影响，当然受到他们的拥护和欢迎。

到了东汉，光武帝刘秀干脆顺应官僚集团的需要，明令宣布：高级官员不得因父母之丧而放弃职守，连"以日易月"的过场也不必再做了。从此之后，官场中人便再不提什么"三年不从政"之类的古礼，不论父亡或母死，一样做官拿俸禄不误。设若有那么一两位迂腐之人表示异议，他们就会以"忠孝不能两全"，或者"显亲扬名乃孝之大也"之类的道理来抵挡，你还奈何他们不得。袁绍所处的时代，正是东汉后期的桓、灵衰世，世风浇薄，宦海污浊，愿意为父母尽孝而不惜放弃禄位者更是寥若晨星。在这样的风气之中，刚刚踏上仕途而且前程未可限量的袁大公子，竟然要弃职还乡为老母守墓尽孝三年，不打一点折扣，当然要令人大感意外了。

　　使人们感到意外的，还有一个特殊的原因，即此番瞑目长逝者，并非袁绍的生母，而只是他名义上的母亲，他无须如此这般动自己的真感情。

　　袁绍的生父叫作袁逢，字周阳。袁逢有一兄一弟。长兄袁成，字文开，曾任左中郎将的官职，不幸早死。小弟袁隗，字次阳，曾任三公之一的司徒。袁成其人身材高大，善于交际，是京城洛阳社交界的大明星，时人有"事不谐，问文开"之谚，意思是说，凡遇办不通的事，只要找到袁文开就必然迎刃而解。袁成虽然能干，可惜命中注定无后，临死时尚未见到儿子降生。袁逢不忍心让长兄绝后，便把尚在襁褓之中的袁绍，过继给长兄为子，而袁成的夫人也就是袁绍的大伯母，从此便成为袁绍名义上的母亲。

　　此番去世者，便是袁绍的名义母亲，实际上的大伯母。她虽然对袁绍有养育之恩，但终归不是其生母。袁绍心甘情愿为她服丧三年，人们心中总觉得有点过于认真，甚至有点矫情。

　　于是，便有人去劝慰袁绍，要他把"忠君"放在第一位。

　　然而袁绍丝毫不为所动。他命人在母亲墓侧盖了数间简陋的茅屋，作为自己的住处，从此开始了"庐墓三年"的简朴生活。

随着岁月的逝去，袁绍孝行过人的名声日益传开。三年服丧期满之后，人们都以为他这一下要重返官场了，不料袁绍竟又宣布：他还要为早死的父亲袁成，追服大丧三年！

如果说，袁绍为刚死的母亲守冢尽孝三年，还算是有古礼可循的话，那么他要为二十多年前去世的名义父亲追服大丧，便完全属于自出心裁了。且不说是名义上的父亲，就是生身父亲，礼制上亦无追服之文，何况是在风俗浇薄之世？因此之故，人们表面上都众口一词，极力称颂他出类拔萃的孝行，暗中却在怀疑：此人的头脑是否出了什么毛病？

其实此时此刻的袁绍，头脑清楚得很。他之所以要把六年宝贵光阴抛掷在名义父母的墓地之上，完全出于周密长远的考虑；而此举的目的，正是想要在未来的政治生涯中谋求更大的发展。

袁绍走上仕途，正值东汉末年政治最为衰败的时期。汉灵帝刘宏，与在他之前的汉桓帝刘志一样，都是昏庸加腐败的双料混蛋。诸葛亮就算是尊崇汉室的人物了，后来在隆中对策时，与刘备论议起时政，也"未尝不叹息痛恨于桓、灵也"。请读者诸君注意，此处的"痛恨"，准确的含义是痛心和憾恨，而非现今的极度仇恨之意。而桓、灵二帝最令清流士大夫痛心和憾恨的举措，就是孔明先生所言的"亲小人，远贤臣"。小人是谁？专权乱政的宦官是也。桓、灵二帝最宠宦官，宦官不仅可以封侯佩印，而且还控制朝廷机要，掌握军事大权。宦官势力之大，用范晔《后汉书》中的描述，是"举动回山海，呼吸变霜露。阿旨曲求，则光宠三族；直情忤意，则参夷五宗。汉之纲纪大乱矣"。

宦官乱政，对此最为愤怒者是清流士大夫集团。他们或者单枪匹马，向邪恶势力猛烈攻击，把身家性命完全置之度外；或者结成同盟，密谋采取武力手段，把宦官祸根一举铲除。可惜的是，直到袁绍走上仕途之时，宦官势力依然控制着朝政，而清流士大夫集团，因受"党锢之祸"的残酷打击，其活动暂时处于低潮时期。不过，尽管在表面上政坛没有出现大斗争，然而在暗中，人们对宦官势力却是更加厌恶仇恨，而且心怀不满者还越来越多。政治嗅觉敏感者都认定：在不久的将来，政坛上必将爆发一场针对宦官势力的恶战。

在这批政治嗅觉敏感的人中，便有本书的主人公袁绍。当此之时，天下名门望族，不受宦官打击者甚少。例如，司隶校尉部弘农郡华阴县（今陕西省华阴市）的杨氏，也是一个世代公卿之家，与汝南袁氏齐名于天下。杨氏的家长杨震，时任三公之一的太尉，因为与宦官水火不容，连遭迫害，终于愤而自杀。然而唯有袁氏家族，却在这时一枝独秀，处于一帆风顺欣欣向荣的状态。其所以能如此，是因为袁氏家族非但未受宦官的残酷打击，反而受到了宦官有力的扶持。

原来，在汉灵帝最为宠信的宦官首领之中，有一人姓袁名赦。这袁赦也出自汝南袁氏，与袁绍家族乃是同宗。袁绍的生父袁逢和叔父袁隗，都想借重袁赦的权势，作为宫廷之内的助力；而袁赦也有心笼络这个世代公卿之家，作为宫廷之外的党援。双方一拍即合，从此袁氏便"贵宠于世，富奢盛，不与它公族同"。

袁氏结好宦官，清流士大夫自然会有看法。比如司隶校尉部河内郡修武县（今河南省获嘉县）的张氏，也是两代三公的高门。袁隗想要与张氏结为儿女亲家，张氏竟坚决不允。而当时有一位专门想惩治不法宦官的执法官，叫作阳球，则更把袁家子弟与宦官相提并论，必欲全部收监判刑而后快。

知道了上面所述的复杂社会政治背景，那么袁绍连续为名义父母服丧六年的反常行为，就不难理解了。他以前顺利进入政界，包括自幼充任郎官，弱冠出任县长，都是依靠父辈的力量，并非个人奋斗的结果。父辈的力量从何处而来？是从天下人皆曰可杀的宦官而来。换言之，袁绍以前的政治地位，乃是拜受宦官之赐。即使现今不以为羞，今后政局若生剧变，宦官大倒其霉时，难免要一起遭殃。为了今后长远的前途考虑，他决心借此为父母服丧之机会，暂时脱离官场。这样做的目的有二：一是把以往的政治生活做了断，表明自己与过去，也就是与父辈荫庇和宦官援引的状态，彻彻底底断绝关系。二是树立自己的全新形象，以便依靠自己的努力，在将来重新跻身政界。

除了政治上的考虑之外，促使袁绍服丧六年者，还有一个更为隐秘的原因。

上文已经提到，袁绍自幼出继袁成，而他的生父，乃是袁成的二弟袁逢。袁逢的嫡室夫人生有二子，长子为袁基，次子为袁术。那么袁绍的生母是谁呢？其生母既非袁逢的嫡妻，亦非袁逢的侧室，而是服侍袁家夫妇的一名婢女或女奴。袁逢在研习孟氏《易》学之余，大约是想在妙龄侍女的身上，体验一番阴阳化生的精言要旨，于是便有了袁绍。

儒家经典《春秋公羊传》隐公元年，曾经对母子之间身份地位的相互影响，说了如下的道理："母贵则子何以贵？子以母贵，母以子贵。"意思是说，母亲地位高贵，为何她的儿子就高贵？这是因为有两条既定原则存在：一是母亲高贵则儿子就高贵，二是儿子高贵则母亲也高贵。袁绍的生母，是一个比侧室夫人还不如的婢女或女奴。按照以上儒家经典中"子以母贵"的规矩，反过来就是"子以母贱"，所以他本人的身份地位也就极低，低到与卑贱的奴仆相近。难怪后来他与异母弟袁术关系交恶时，为嫡妻所生的袁术，便很鄙视地骂他是袁氏的"家奴"。

幸好袁逢把他出继给大房，这才使袁绍得到了一个摆脱卑贱身份的绝好机会。因为袁成无后，入继之子自然也就是袁成的嫡子。但是，袁绍出继之时，袁成已经归天，此后自己长大，却再没有机会为之尽孝，因而父子之义，不免有所缺失。父子之义有缺失的话，说自己是袁成的嫡子，也就缺乏了底气。此番袁绍下定决心为名义上的父母服丧六年，就是希望在为人子方面，尽量有所弥补。他要向世人表明：我袁绍已经与过去的卑贱出身毫无牵涉了，我现今就完完全全是已故左中郎将袁成的嫡亲儿子了！

显而易见，袁绍此举，实际上是出自一种极度自卑心理的驱使。这种自卑心理此后一直深藏在他心中，而且还将出现畸形变化，变化成一种极度的自傲，以求得到心理的平衡。从以后的叙述中我们就能看到，自傲心态将会给袁绍的政治生涯带来何等重大的影响。

光阴荏苒，日月如梭，不知不觉已经到了汉灵帝光和年间。大约在光和五年（182年），袁绍六年服丧期满之后，他自认为革新形象、重建声名的计划已经胜利完成，到了重归政界大展宏图的时候了。于是乎，他告别故乡，携带万贯家产，怀着一颗雄心，移居到京城洛阳（今河南省洛阳市东）去也。

至此，东汉末年政治舞台上的一个重要角色，终于正式隆重登场了。这正是：

六载居丧身份改，高门贱子再登场。

要想知道袁绍正式登上东汉末年政治舞台的第一步，是从何处开始，又是怎样开始，请看下文分解。

第二章

游侠洛都

东汉皇朝的京都洛阳，是当时全国最为繁华的大都会。

洛阳成为全国性的都城，肇始于西周时期，由执政的周公所建筑。因为位于洛水北岸，所以最初叫作"洛邑"。战国时改名为"洛阳"。到了汉代，又使用了"雒阳"的称呼，在司马迁《史记》和班固《汉书·地理志》中都是如此。一直到了魏文帝曹丕代汉称帝的黄初元年（220年）十二月，名字才又改回了"洛阳"，从此沿用到如今。

东汉皇朝定都洛阳之后，即对洛阳城进行了大力营建。

经过近百年的不断努力，到东汉中期，洛阳已经在城市的宏伟和经济的繁荣上，傲然雄冠天下。其城垣南北长九里，东西宽六里，有城门十二座，通衢大街二十四条。城中心与北区为皇宫所在。东区有马市和小市，西区有金市和大市，南郊有鱼市和专门接待境外来客的四夷馆，天下商贾辐辏于此。城中在册居民接近十万户，单是南郊的全国最高学府太学，兴盛之时即有四方学子三万余人之多！与现今第一流的大学相比毫无逊色。每逢良辰佳节，只见长街之上，"车毂击，人肩摩，连衽成帷，举袂成幕，挥汗成雨"，可谓繁盛无比。当时有一奇士梁鸿，即与孟光结为伉俪举案齐眉的那一位，来到洛阳之后曾登上城北的北芒山顶，南眺皇都，赞叹之余，作了一首《五噫歌》，其辞曰："陟彼北芒兮，噫！顾瞻帝京兮，噫！宫室崔嵬兮，噫！民之劬劳兮，噫！辽辽未央兮，噫！"单单从这五个"噫"字的赞叹上，就能看出赫赫皇都在人们心中引起的震撼。

但是，当袁绍移居洛阳之际，京都已经完全不是昔日的繁荣模样了。

由于桓、灵二帝长期的大肆挥霍，贪官污吏反复残酷的搜括，这座曾经花团锦簇的都城，正在经受着一场前所未有的"三空之厄"。所谓"三空"，是当时一位忠直大臣名叫陈蕃，在上疏指斥朝政时说的话，意思是社会财富被掠夺挥霍，致使"田野空，朝廷空，仓库空"。京畿之地出现"三空"，有识官员忧心不已，平民百姓动荡不安，一股强烈的危机感正在首都的社会中蔓延开来。往昔的稳定和繁荣，如今都不复存在，金马、铜驼倒在荆棘丛中的日子已经不远矣。

袁绍一进入洛阳，便感受到了人们动荡不安的情绪。"乱世出英雄"，他倒觉得这正是自己崭露头角大展身手的好时候。于是，他购置了一处宽敞的住宅，作为他政治活动的大本营，并且立即开始实施他早已考虑成熟的活动方案。

他的政治活动方案，可以用十六个字来概括，即广交朋友，提高声誉，等待时机，重入政界。他很清楚，单凭他在家乡靠"庐墓六年"建立起来的那一点名声，还不足以在京都的政界风云际会一番，必须在洛阳当地，再大大提高一下知名度。同时，要想在政坛上自闯天下有所作为，又必须交结一批志同道合的朋友，以便将来相互扶持。做到了以上两点，才有比较雄厚的资本去宦场中一搏。主意打定，袁绍便仿效那礼贤下士仗义疏财的孟尝君，倾万贯家财，招四方豪俊，史书上描述当时他的情景说：

绍有姿貌威容，爱士养名。既累世台司，宾

客所归，加倾心折节，莫不争赴其庭。士无贵贱，
与之抗礼，辎䡞柴毂，填接街陌。

意思是说，袁绍具有出色的外貌和风度，喜爱人才，重视培养自己的名声。他出身于世代高官的名门贵族，原本就能吸引众多的宾客来归，加之他对人又倾心爱护，谦虚和蔼，所以当时京城洛阳的人士莫不争着来到他的门庭。无论来归者身份的贵贱，见面时他都一律与之施行平等的礼节，所以华丽的和简陋的车辆，都填满了他家门前的大街小巷。

这样一来，汝南袁公子的名声，迅速传遍了京城内外。

不过，袁绍所交结的朋友虽多，与之关系最为密切者，却只有以下数人。

一是何颙。何颙，字伯求，乃荆州南阳郡襄乡县（今湖北省枣阳市东北）人氏。何颙少时游学洛阳，与清流士大夫领袖陈蕃、李膺、郭泰、贾彪等关系友善，为党锢名士集团的中坚人物。其后宦官大肆捕杀清流名士，兴起党锢之祸，何颙乃隐姓埋名，逃亡到汝南郡一带。在老家汝南居丧的袁绍，有心与党锢名士相交结，便暗中与何颙往来，大力提供帮助，从此二人成为莫逆之交。

一是张邈。张邈，字孟卓，乃兖州东平郡寿张县（今山东省东平县南）人氏。此人自少年时代起，即以行侠仗义而闻名乡里，史称他的表现是"振穷救急，倾家无爱，士多归之"。天下不安，社会动荡，家拥千金的有识之士，散家财交结豪俊，以待时局之变，这也是常见现象，在汉魏之际更是如此。张邈后来寄居京都。袁绍一到洛阳，就与这位豪侠之士结交定好。此后，二人在政治上还将同行好一段路程，这是后话。

一是许攸。许攸，字子远，乃荆州南阳郡（治所在今河南省南阳市）人氏。其人多智计，善权谋，但是性情躁竟自傲，是当时洛阳游侠少年中的风头人物。

还有一位，便是后来大名鼎鼎的曹操了。曹操，字孟德，乃豫州沛郡谯县（今安徽省亳州市）人氏。谯县曹氏在当时是一个炙手可热的权势家族。曹操的祖父曹腾，在桓帝之时曾任宦官首领。他历事四帝，在宫禁中度过了三十余年，根基深固不摇。曹操之生父曹嵩，系曹腾的养子。借助宦官老爸积下的权势和财力，曹嵩在汉灵帝时连连升官，最后出任三公之一的太尉。按照东汉官制，太尉为三公之首，而三公乃百僚之冠冕，那么太尉之位是何等尊崇也就可想而知。但是，曹嵩这个太尉职位的到手经过，说来不免令人作呕。原来，贪婪荒淫到了极点的汉灵帝，大肆挥霍民脂民膏，造成朝廷出现了"三空"之厄后，为了再聚敛钱财，竟然想出了一个公开出卖政府官职的主意来。他在皇宫的鸿都门外，高挂出卖官职的价目表，上从三公、九卿、州牧郡守，下至政府各部门的办事吏员以及禁卫军兵士的职位，全都按官位的高低论价，开列得一清二楚。这一举动，在古代中国上千年的政治史上，也算得上一件令人咋舌的奇闻。当时有一位崔烈，花了五百万钱的买官费后，即从九卿升到了三公之一的司徒。这位崔烈本来声望甚高，一旦出钱买到三公，顿时名誉大损。他问其子何故舆论汹汹，直率正直的崔公子立即答道："论者嫌其铜臭！"此即"铜臭"一词之典故渊源。崔烈的司徒是买来的。曹嵩的太尉同样也是买来的。但是，崔烈才花了五百万钱，曹嵩却付出了一万万，足足一个亿。也就是说，若论铜臭，曹家还要比崔家浓烈二十倍。祖父是受人轻蔑的宦官，老爸又浑身散发铜臭，具有非凡才能的曹操便和袁绍一样，背上了沉重的出身包袱。为了能够甩掉包袱，曹操又和袁绍一样，决心以独立的新姿态进入社会，开创自己的天地。

曹操自辟天地的第一步，乃是争取在清流士大夫中树立起好名声。东汉后期的政治格局，大体上是宦官控制实权而清流士大夫掌握舆论。清流士大夫所掌握的舆论，在当时称为"清议"。一个人要想在政治上有所建树，能否得到清议的好评是至关重要的条件。如果遭到清议的讥评，弄不好就会终身被士林不齿，一切便无从谈起。因此，当时凡有志于从政的青年士人，在踏入仕途之先，都要做一番"养名"的准备。养名者，培养声名是也。养名的措施主要有二：一是自我砥砺，尽量在修身进德方面做出世人瞩目的成绩；二是广交名流，努力争取得到他们的了解和赞誉。一般人都要如此，出自宦官之门的曹操就更需要如此。其实，此前袁绍的"庐墓六年"，也不外乎是一种"养名"的手段而已。

　　求名之心非常迫切的曹操，一入手便找了一位大名士来提携自己。大名士是谁呢？豫州汝南郡平舆县（今河南省平舆县北）人许劭是也。汉灵帝之时，能够左右清议的权威人物，乃是这位汝南名士许劭许子将，及其堂兄许靖。二人每月都要定时公布他们对当时人士的评价，时人称为"汝南月旦评"。所谓"月旦"，即每月初一日之清晨。凡是获得许氏好评者，犹如鲤鱼登龙门，顿时身价百倍。

　　许劭的家乡平舆县，和袁绍的老家汝阳县乃是邻县，两者相距不过一百里。当初袁绍要回老家为养父母守墓尽孝六年，正是想借许氏"月旦评"的权威来养名立誉。明乎此，那么他一入汝南郡界，就打发宾客随从，自己驾了一辆简朴的车辆回家，还说什么"吾舆服岂可使许子将见"，也就是我这豪华的车马服饰怎能让许子将看见，也就不难理解了。

曹孟德对许子将软硬兼施，许劭无可奈何，只好给他一个"清平之奸贼，乱世之英雄"的评语。曹操大悦而去，由此知名于士林而进入政界。袁绍来到京城洛阳之际，曹操已经担任议郎之职。袁绍之密友何颙、张邈和许攸，也和曹议郎有非同寻常的交情。这样一来，袁绍自然又同曹操认识，并且迅速打得火热，从此开始了两人长达二十年之久恩怨情仇的复杂关系。袁绍与曹操年岁相近，仅比曹操大一两岁。两人均出自权门，又都在身世的渊源上有深深的耻辱烙印。此后二人一同起兵声讨董卓，继而又加入群雄逐鹿中原的混战，最后又相互决斗，以便决定谁是主宰汉室权力的霸主。由这两位具有多处相似之处的风云角色，来主演关乎汉室命运的一幕，不知是不是上天的有意安排？

袁绍自入洛阳，即与上述诸人结为密友，领导青年士子社交界的新潮流，真可谓"座上客常满，樽中酒不空"！但是，迎来送往，呼朋唤友，只不过是他政治活动中一个容易看见的侧面。他还有一个隐蔽的侧面，即暗中进行援救党人的活动。

　　所谓"党人"，即党锢集团中的人物。汉桓帝之时，洛阳太学的三万余名青年学子，在清流士大夫首领人物李膺、陈蕃的支持和领导之下，对专权擅政的宦官集团，展开猛烈的抨击。这大概是中国古代知识分子第一次组成大规模的政治集团，来进行殊死的现实政治斗争。桓帝延熹九年（166 年）十二月，在宦官的策划之下，有人上书天子，诬告李膺等人"共为部党，诽讪朝廷"。别看汉桓帝一直昏庸腐化到了极点，对这件事情的反应却是极其快速。他立即下诏天下郡国，捕拿"党人"，先后搜捕李膺等二百余人下狱治罪。次年，桓帝忽然大发慈悲，将下狱的党人全部释放。但又规定：下狱党人全部放逐还乡之后，永远不再叙用，即所谓的"禁锢终身"。两年之后，党事再起，宦官先捕杀李膺等一百余位名流，接着又大肆逐捕其他党人近千人之多。凡是与党人关系较亲近的亲属，以及他们的门生、老部下，全部免官禁锢。这就是东汉历史上著名的"党锢之祸"。

　　及至袁绍入洛，党锢之祸已发生十年有余。这时，遭受打击的党人，或者处于贫穷困窘的境地，或者遭到仇家严厉的报复，情况大多艰难异常。袁绍决心给这些深受人们敬佩的人物雪中送炭，以便将来时局变化后，能够取得政治上的回报。于是，他便通过何颙，在极其秘密的情况下，向党人提供种种援助。

那何颙本来就是党人中的骨干人物。党祸初起，他就已经看到灾祸降临，立即抢先改名换姓，逃亡出京，来到豫州汝南郡一带。袁绍还乡服丧之日，正是何颙出逃汝南之时，所以二人的交谊，很可能自此即已开始。袁绍进京之初，何颙还不敢公然出现在袁家府邸的社交圈中。他每年数次偷偷混进洛阳，密见袁绍，商议如何为一些处境险恶的党人排忧解难。生活窘困者，袁绍慷慨提供经济帮助；受仇家打击报复者，袁绍则动用上层关系给以暗中保护。这样一来，袁绍在京城的府邸，无形之中便成为党人活动的重要据点之一了。

袁绍入京不到一年，声誉鹊起。与此同时，他的叔父袁隗，在宦官首领之一，即中常侍袁赦的活动之下，也从九卿之一的太常（掌礼仪祭祀之事），升任三公之一的司徒（掌全国民政之事）。袁家势力如鲜花着锦，烈火烹油，不要说一般人均有心巴结，就连当时另外两位身任三公的大人物，也想把袁绍招纳为自己府署之中的幕僚，以表示对袁家的敬爱。这两位大老，就是太尉许彧和司空张济。

许彧是扬州会稽郡阳羡县（今江苏省宜兴市）人。而张济则是豫州汝南郡细阳县（今安徽省阜阳市北）人，与袁家算是大同乡。许、张二人之才德皆无出色表现，其所以能位列三公，小半是靠运气，大半是靠奉承宦官。何以见得？有事实为证。光和五年（182年）初，汉灵帝忽然心血来潮，要想整肃一番吏治，便下达诏书，命令中央的三公九卿，举报弹劾州郡地方官员中的不法行为。许彧与张济身为三公，不仅不能为老百姓清除贪婪残暴的地方官，反而收取宦官的贿赂，唯宦官之命是从。凡是宦官的子弟宾客出任地方行政官职者，无论其如何贪赃枉法，均不予过问。为了向皇帝有所交待，许、张二人又把边远小郡中，清正廉洁但在朝中无靠山的官员二十六人，诬蔑为贪官污吏，捕送京师。一时间舆论大哗。当时的司徒陈耽，会同议郎曹操上书天子，揭发此一冤案之内幕。上书中有这样的精彩文句：

公卿所举，率党其私，所谓放鸱枭而囚鸾凤。

意思是说，朝廷公卿举报弹劾时，都在祖护为私，可以比喻为放过凶恶的鸱鸮，囚禁善良的鸾凤。

对于此次上书的官员，宦官放过同类的子孙，即出自"赘阉遗丑"的曹操，集中对付陈耽。于是，堂堂司徒公陈耽，竟然被诬陷下狱处死。三月陈耽下狱，四月即由袁隗继任其留下的司徒之职。许彧、张济是何等人物，由此一事不是看得清清楚楚了么？

正在养名立誉的袁绍，哪里会去给这两个臭名昭著的宦官走狗当幕僚？否则不是要让好友曹操耻笑一辈子么！所以当太尉府和司空府，相继送来辟召任命文书时，他根本不屑于开封阅读，便径直派人退了回去。

按照东汉的制度，三公有"开府自辟掾属"的特权，也就是有权设立自己的办公厅，并且自行任命办公厅下属官员，无须经过朝廷人事铨选机构的批准。然而同时，受其辟召者，也有拒绝接受任命的自由。因此，不应三公之辟召，本属平常之事，可谓史不绝书。但是，当此许彧、张济与宦官沆瀣一气，并成为清议攻击的重大目标时，相继不应二人的辟召，便具有明显的政治意味了。所以袁绍的表现，立即引起宦官群体的警觉和注意。

东汉皇宫中的宦官，按照等级的高低，分别有中常侍、小黄门、黄门令、黄门署长、中黄门冗从仆射、中黄门、掖庭令、永巷令、御府令、祠祀令、钩盾令等名称。其中，地位最高而且与皇帝关系最密切者，即是中常侍。按照史籍所言，中常侍的职分是"掌侍左右，从入内宫，赞导内众事，顾问应对给事"。也就是说，中常侍是皇帝的侍从、总管并兼顾问。中常侍之"中"，意即宫禁之中。中常侍者，宫禁之中经常服侍天子之人是也。

这一职务并无定员，人数多少完全视皇帝的需要和高兴，但一般在十人左右。汉灵帝置中常侍十二人，他们是张让、赵忠、夏恽、郭胜、孙璋、毕岚、栗嵩、段珪、高望、张恭、韩悝和宋典。这十二人"封侯贵宠，父兄子弟布列州郡，所在贪贱，为人蠹害"，民众举其大数，都称之为祸国殃民的"十常侍"。对于袁绍不应三公辟召有所警觉和注意者，正是"十常侍"的副头目赵忠。

赵忠这名宦官当时究竟有多大的权势，从汉灵帝经常爱说的一句口头禅即可得知。这个混蛋皇帝动辄就说："张常侍是我公，赵常侍是我母。"他所说的张常侍，就是"十常侍"的大头目张让，赵常侍即副头目赵忠。至尊至贵的天子都把这两人认作老爹、老娘，甘愿当他俩的干儿子，你说赵忠的权势有多大？

袁绍在京城游侠交友的情形，早已有耳目报告给赵忠等人。由于袁家与宦官素有关系，族人袁赦就曾担任过中常侍，再加上京城中公卿子弟常有呼朋唤友酒食征逐之事，所以赵忠等人起初对此并不在意。但是，现在他们在意了，既然袁绍对宦官的态度如此冷淡，对许彧、张济的任命如此不屑一顾，他那十分起劲的社交活动便值得高度怀疑了。因此，在一次宫中宦官聚会时，赵忠特地把此事提出来，并对在座诸常侍说道："袁本初在京师自抬身价，不应三公辟召而好养死党，不知此儿究竟意欲何为？"

幸好袁绍暗中与党锢人士来往的秘密未曾暴露，不然他当时就要倒霉。由于未抓到袁绍什么明显的把柄，诸常侍决定将此事暂且放在一旁，视情况的发展再说。

十常侍议论袁绍的消息，不久就传到司徒袁隗的耳朵里。他大吃一惊，深知关系非小，便马上派人去叫袁绍来见。

袁绍应命而至。他见叔父满面愠怒之容，感到有些意外，因为叔父素来喜欢自己，从来对自己都是和颜悦色。施过家人之礼后，他便垂手而立，静听叔父的训示。

袁隗把十常侍的议论先略说之后，便严厉责备袁绍不该广交朋党，不该拒绝三公的辟召。他越说越生气，越说越激动，最后以一句严厉话语作结："你若不悔改，必将破败我袁氏家门！"

对于叔父的训斥，袁绍抱定一条方针：口头虚心接受，实际决心不改。袁隗见他连连认错，也就不再为难他。袁绍告辞叔父归家，依然是"座上客常满，樽中酒不空"，依然是视三公之辟召如粪土。唯有在一点上，他比以前加了小心：

即与党锢人士的秘密往来。

　　袁绍在洛阳的游侠生活，大约持续了两三年。使他结束这种生活的，既非天子"老娘"赵忠的恐吓，亦非本家叔父袁隗的训斥，而是一场撼天动地的社会大风暴，即三十六方黄巾农民军的同时大起事。这正是：

　　　　养名立誉洛阳市，不料黄巾起暴风。

　　要想知道这黄巾军掀起了甚么样的巨大风暴，袁绍又如何面临这场风暴的强烈冲击，请看下文分解。

第三章

禁军统领

　　汉灵帝中平元年（184 年）暮春三月的一天，正在与宾朋豪饮的袁绍，忽然接到了一封从大将军府送来的公文。他打开一看，原来是新任大将军何进所下的任命，请他屈就大将军府的幕僚。看毕来文，袁绍矜持地一笑，他心里明白：自己重返政界的时机到了。

　　当时的大将军，是全国兵权的执掌者，其地位之高，比三公有过之而无不及。东汉一朝的大将军，又多由皇帝的外戚出任。一旦就任大将军之职，实际上就成为辅政大臣，特别是在皇帝未成年时更是如此。由于大将军的地位高，权力大，故而也享有开府自辟掾属的特权。此时在位的这名大将军，姓何名进，字遂高，乃荆州南阳郡宛县（今河南省南阳市，宛字读音同"渊"）人氏。何进之父何真，本是一个杀猪宰羊的屠夫。在讲求门第家世的东汉，像何进这样的屠夫子弟，通常很难有飞黄腾达的机会。但是，何进的运气不错，一是他有一个国色天香的异母妹妹，二是他又找到了宦官的门路，把妹妹送进了皇宫，三是其妹妹又偏偏能在三千粉黛之中，争得汉灵帝的特殊恩宠，这样一来他的官运也就亨通异常。光和三年（180年），其妹被汉灵帝册立为皇后，舅老爷何进随之升为九卿之一的将作大匠。四年之后，他又当上了第一等的高官——大将军。昔日的屠家子，终于爬到了权力的最顶端。

对于浑身沾满猪羊血腥气味的屠家子，出自海内头等名门的袁绍，原本是轻视得很的。但是，此番他的表现却非同寻常，他不仅企盼着何进的辟召，而且接到辟命之后，立即欣然走马上任，与他当初傲然拒绝太尉许彧、司空张济的辟召，态度截然不同。这是怎么一回事呢？欲知就里，须得先介绍当时朝廷政局的变化，以及何进其人的政治立场。

桓、灵二帝之时，政治腐败，民不聊生。光和六年（183年），遂有冀州巨鹿郡巨鹿县（今河北省平乡县西南）人张角，以太平道的道术与教义组织民众，准备以武力推翻东汉皇朝政权。张角所统，共有三十六方。所谓的“方”，相当于下属的分支性活动区，由领兵的将军管辖。活动区有大有小，大的率领万余人，小的率领六七千人。由于光和六年的干支是“癸亥”，第二年就是六十年花甲从头起的甲子年，故而张角便以“苍天已死，黄天当立，岁在甲子，天下大吉”的十六字口号来鼓动信徒，并用白色泥水将此口号书写在京城和地方的无数官衙大门之上，同时预定在次年三月五日，率领三十六方同时起事。

谁知张角的一名弟子向朝廷告密，张角只好在第二年的初春，提前发动起事。三十六方信徒，皆在头上系一条黄巾为标志，一齐向当地官府发起武装进攻，史称“旬月之间，天下响应，京师震动”。这场中国古代史上，第一次采用宗教组织系统来发动的农民大起义，就此开始了。

面对这突如其来的武装反抗浪潮，汉灵帝刘宏真是吓得不知所措。他连忙向随身的侍臣征求对付黄巾军的办法，一位名叫向栩的侍臣立即献了一条“妙计”，说是黄巾起事于黄河以北的冀州，所以只消派出一群儒生，站在京城洛阳附近的黄河南岸，面向北方大声诵读儒家经典《孝经》若干遍，则黄巾军必将自行消灭无遗。连昏庸无比的刘宏，也觉得这个办法实在迂腐可笑之极。他只好召集皇宫之外的公卿大臣，另行会商对策。

朝廷衮衮诸公商议的结果，产生了三项具体的应变措施。第一项是大赦天下一切党锢人士，其以往之事不再追究，以缓和社会矛盾。第二项是调集天下精兵，讨伐黄巾武装势力。第三项是任命何进为大将军，率领禁卫军的精锐兵马驻屯在洛阳城郊，以防京师发生骚乱。同时，又在洛阳四郊设立八座关卡，每一座关卡驻有重兵，严防黄巾徒众混入京城洛阳。

党人得到平反，清流士大夫集团自然吐气扬眉，东汉政局至此为之一变。而何进就任大将军后，为了加强自己的地位，又积极采取行动以争取清流士大夫集团的支持。于是，一直与宦官势力保持距离，并与清流士大夫集团保持着密切关系的袁绍，就等来了重入政界的最佳时机。

何进争取清流士大夫集团支持的主要办法，是大量聘用清流名士，担任自己大将军府署的掾属，并在适当的时候，把他们又推荐到政府的各个部门去担任重要职务。在东汉一朝，士人入仕的途径有二。一是被家乡所在的郡国察为孝廉，或者被所在的州举为茂才，然后入京考核之后充当郎官，再由郎官出任政府官职，这条路就是所谓的"察举"。察举每年进行，孝廉的举荐比例，为每二十万人举荐一人，茂才则每州举荐一人，这是常规性的途径。二是被大将军府、三公府或州郡地方长官府，自行聘用为掾属。掾属的性质是幕僚，不属于中央政府铨选机构任命的正式官员。然后再由本府长官向中央铨选机构推荐，从而出任政府的正式官职，这条路称为"辟召"。何进现时为清流名士敞开的，就是后一条通路。

史称何进辅政，"征用名士"。用当时大名士蔡邕的话来形容，是"幕府初开，博选清英"。何进所辟召的名士多达二十余人，其中如豫州颍川郡颍阴县（今河南省许昌市）人荀爽，青州北海郡高密县（今山东省高密市西）人郑玄，兖州陈留郡浚仪县（今河南省开封市）人边让等，都是誉满天下的大名士。而袁绍及其密友张邈和伍琼，自然也在何进礼聘之列。

袁绍辛辛苦苦为出继父母连续服丧六年，又慷慷慨慨在洛阳散财交友两三年，为的是什么？正是想以清流名士的崭新形象重入政界。而今这一天已经到来，他当然不会再矫情故作清高。所以他接到何进的辟命文书之后，也不计较上面是否沾有猪羊肉的余腥，立即欣然就职去也。

袁绍一方，有意依靠何进作为朝廷首辅的显赫地位，谋求政治上的更大发展；而何进一方，则因袁绍出自海内顶级名家，门下又招有一批行侠仗义的宾客，对自己巩固地位大有帮助，故而对之特别厚待。双方一拍即合，从此结为同心。何进凡有机密要务，必与袁绍商量处置之策；而袁绍亦竭尽智虑，为主官参谋建议，俨然就是何进的智囊。既然二人的关系融洽如此，所以袁绍官位的节节高升，也就不足为怪了。

中平元年（184年）春三月，袁绍就任大将军府的掾属。不久即以工作成绩优异，被何进推荐为御史台的侍御史，成为朝廷的正式命官。后因其异母弟袁术，即袁逢嫡妻所生的二公子，当上了尚书台的尚书，而尚书台的等级较御史台为高，袁绍不愿屈居在老弟之下，便告病求退。何进得知其内情，不久又安排他出任虎贲中郎将，至此他便成为皇家宫廷卫队的高级将领，开始染指兵权。中平五年（188年）八月，朝廷为了加强京城洛阳的拱卫，对中央禁卫兵马实行改组。新设上军校尉、中军校尉、下军校尉、典军校尉、助军左校尉、助军右校尉、左校尉和右校尉，分统禁卫军的劲旅分队，时称为"禁卫军八校尉"。其中出任中军校尉和典军校尉者，即是袁绍和曹操。

对于袁绍而言，得任禁卫军八校尉之一，统领精兵以护卫天子，说兵权有兵权，说风光有风光，应当是比较满意了。实际上却不然，他心中很不愉快。

原来，禁卫军改组之后，汉灵帝刘宏竟派了一个名叫蹇硕的宦官，来担任最高指挥官，即上军校尉。这蹇硕是一个青年宦官，生得来高大健壮，很得刘宏的信任。设置八校尉之时，刘宏不仅下令要蹇硕出任上军校尉，而且明确宣布：蹇硕就是禁卫军的统帅，其余七校尉以及大将军何进，全部都要受其节制指挥。这样一来，曾经断然拒绝担任宦官同党下属的袁绍，便不得不听宦官的号令了，你说他怎么愉快得起来呢？

同样不愉快的还有何进。他这个大将军，原本是全国军界的天字第一号人物，不仅是中央禁卫军，包括州郡地方军队亦属他的管辖之下。而今倒好，大将军反而成了上军校尉的部属，面子上过不去还属小事，兵权被抽空，乃是生死攸关的大问题。于是，作为外戚势力代表的何进，就联合清流士大夫集团少壮派势力的袁绍，向代表宦官势力的蹇硕，展开了激烈的权力争夺。

在东汉一朝，特别是在其中期和后期，外戚、宦官和士大夫，是政坛上三支主要力量。而外戚联合士大夫以对付宦官，又是权力争夺的一贯格局。所以何、袁共同对付蹇硕，不过是旧戏重演。但是，旧戏也有翻新之处。因为从以往的情形来看，这种权力争夺往往以宦官大获全胜而告终，而这一次却不同，其最后一幕乃是蹇硕那颗白净无须的人头落了地。

中平六年（189 年）春，也就是袁绍就任中军校尉半年之后，一天薄暮，从大将军府署驰来一骑特使，请袁绍前去议事。

袁绍立即起身，不到半个时辰，他已来到何进的府邸。进入密室，宾主来不及寒暄，何进便告诉袁绍一个意外消息。原来，汉灵帝刚刚召见了何进，赐兵车一百乘，以及象征天子威权的虎贲、斧钺，要何进立即率领一部分禁卫兵马，西进关陇，平定由凉州地方豪强边章、韩遂挑起的叛乱。奉命随何进西征的中央禁卫军中，便有中军校尉袁绍部下的人马。

所谓的"虎贲"，乃是皇帝卫队中一支分队的专名。而"斧钺"则是皇帝仪仗队所持的一种饰金大斧。汉代皇帝命令大将出征，若赐以虎贲卫士和斧钺仪仗，便表示该将军是代表皇帝征伐四方，享有不经禀奏即可诛杀违令军将之特权。现今皇上赐自己虎贲、斧钺，何进虽然觉得是一种高度的荣宠，但内心总觉得此事有点蹊跷。为什么呢？

一是情况突然，皇上事先并未与自己商量；二是无此必要，因为关东黄巾军对京城洛阳的威胁大而近，而凉州叛乱军对京城洛阳的威胁小而远，自己的任务从一开始就是拱卫皇都，为何如今却要自己离开京城远赴关陇呢？

袁绍听了何进的介绍，并未立即作答。他在沉思之中，忽然想起前不久发生的一件事。

那是上一年冬天的一个夜晚，袁绍在自己的府邸设宴款待两位志趣相投的同僚，一位是凉州敦煌郡广至县（今甘肃省瓜州县西南）人盖勋，另一位是徐州东海郡郯县（今山东省郯城县）人刘虞。盖勋，字元固，生性忠正，时任讨虏校尉之职。刘虞，字伯安，本皇室宗王后裔，时任九卿之一的宗正卿。盖、刘二人此时都和袁绍一起统领禁卫兵马，交谊极为深厚。

窗外雪花飘飘，室内炉火熊熊。酒酣耳热之际，三人便议论起时政来。心直口快的盖勋，满饮一尊醇酒，慷慨发言道："近月在下多次觐见圣上，圣上天赋聪明，惜为左右群小所蒙蔽。如我辈协力同心，诛锄权阉，然后征拔天下英俊，兴隆汉室，功成身退，岂非一大快事么！"

袁绍立即击掌赞道："元固之言极是，我亦有此心久矣！"

作为汉室宗亲的刘虞，也对秽乱朝政造成汉家天下动荡不安的宦官恨入骨髓。当下三人便结为同心，决定等待合适的时机，举兵清除君侧。

但是，三人的密谋尚未付诸实行，嗅觉灵敏的蹇硕，已经对耿介的盖勋有所注意。让这样的人统领禁卫军并接近皇帝，宦官岂能放心得下？不久，蹇硕一伙便说动天子，把盖勋外放到关中去当京兆尹（治所在今陕西省西安市西北）。少了盖勋这根有力支柱，三人诛锄宦官的计划随即落了空。

此处须得将"京兆尹"这一官名略加说明。两汉的地方行政系统，在大多数时间里，都实行以郡辖县的郡县制。全国有郡上百，有县上千。郡一级的行政单位名称，通常都称为某郡或某某郡。但是，其中位于两汉京城所在地的郡，其名称不称郡，而是改用比较特别的名称。西汉京城长安所在地的郡，叫作京兆尹，其东、西两侧的郡，则分别叫作左冯翊、右扶风。东汉京城洛阳所在地的郡，叫作河南尹。至于这些特别名称的郡，其职能与一般的郡大体相同，只是其行政长官不称太守，而是直接使用其行政单位的名称作为官名，比如京兆尹的长官就叫京兆尹，河南尹的长官就叫河南尹。

把指挥京城禁卫军的盖勋外放，明显是一种排斥异己的伎俩。把执掌兵权的何进派到僻远的凉州去平叛，当然也是一种排斥异己的伎俩。对比往事，袁绍心明如镜，便以极其肯定的口气对何进说道："此事必是蹇硕之流所设的阴谋！将军绝对不可受其摆布！"

接着，袁绍便把自己的估计向何进详述一遍，何进顿开茅塞，才知道这是宦官为了独霸兵权而采取的阴谋措施。既然如此，自己当然不能俯首从命。但是，命令是通过皇上之口下达的，不从命便是违抗圣旨，罪不容诛，究竟如何是好呢？

两人密商多时，终于想出了一条应付之策。这条计策的要领可以用四个字来形容，即"拖而化之"。计议既定，袁绍遂告辞回府而去。

两天之后，何进入宫上奏皇帝，说是京师东面的徐、兖二州（徐州的主要地域在今山东、江苏省，兖州的主要地域在今山东、河南省），黄巾活动日益激烈，对首都洛阳威胁极大；为了安定后方，在大举出兵凉州之前，必须先对这二州实行清剿。此一任务，拟由中军校尉袁绍率军前往执行，并力争在旬月之内完成；一旦袁绍凯旋，自己就立即领兵西上凉州。汉灵帝认为何进之言很是有理，当即允准。于是袁绍率领本部兵马，径往徐、兖二州去了。

时值三月，春风骀荡，江河水绿，川原花红。袁绍领兵出京，缓缓东进，每日行军不过三四十里即下寨安营。麾下将士不禁窃窃私议：此番随袁将军东下徐、兖，哪里像是出征打仗，倒如同是结队游春了！听了这些议论，袁绍暗自好笑。他也不作任何解释，依然不紧不慢向东进发。

原来，这一切都是袁绍、何进当初商量好了的计划。首先尽量拖延时间，然后再争取皇上改变出兵凉州的主意。拖而化之，就是这个意思了。

将近半月之后，袁绍的兵马才进入兖州的西境。他连黄巾军的影子都未看见，就接到了何进要他火速回师京城的手令。袁绍得令之后，立即率师西还。来时走了半个月之久的路程，回去时只用了五个昼夜。不知就里的兵士，不禁怀疑自己的指挥官是否有点神经不正常，少数老练明达的军官，则认定京城中出了大事。

京中确实出了大事。原来，年仅三十四岁的汉灵帝刘宏，因为长期荒淫无度，在四月初突然一病不起，行将就木了。

刘宏病势垂危，围绕着继承人选的问题，何进与蹇硕，也就是外戚与宦官的权力之争，立即进入你死我活的激烈阶段。

汉灵帝曾得到三个儿子，活下来的只有两人。长子刘辩，系何进妹妹何皇后所生，时年十四岁。次子刘协，系王美人所生，时年九岁。王美人是灵帝最为爱幸的妃嫔。何皇后生性嫉妒，恨王美人与之争宠，竟在其生子之后用药将其毒死，从此刘协便成为无母之儿。对于这两个儿子，汉灵帝刘宏爱憎不同。他不喜欢刘辩，因为此子举止轻佻，丝毫不能给人以帝王威仪之印象。他偏爱刘协，一是因为其母深得自己的欢心，且死于非命，爱母及于其子；二是因为刘协举止稳重，面貌又酷似自己。他之所以给次子取名为"协"，正是因其面容似父，"协"字乃符合之意，意谓此子与其父外表相符合也。

汉灵帝偏爱刘协，所以早有立次子为继承人之心。但是，按照礼制，作为嫡长子的刘辩才是名正言顺的继承人。犹豫之中，太子册立的问题也就久拖不决，直到刘宏病入膏肓这一天。

临近死亡刘宏才下定决心，立次子刘协为太子，继承帝位。他知道此举必定引起何皇后和何进的不满，所以只把蹇硕等宦官叫到病榻之前，口授了立刘协为太子的遗诏。汉灵帝生前亲信宦官，临终又把宦官作为托孤辅政的依靠，汉家天下，焉有不乱之理？

皇上病危，立嗣问题自己却一无所知，作为刘辩舅父的大将军何进，立即意识到情况不妙。在此关键时刻，武力才是说话的本钱，所以他马上派出特使，急召袁绍领兵回京。

袁绍兵马赶回洛阳，何进心安胆壮，不免有几分麻痹轻敌之意。就在这短暂的大意当中，他差一点掉了脑袋。

四月十一日丙辰，汉灵帝死于汉宫之中的嘉德殿。临死时只有蹇硕等宦官在侧侍候。蹇硕等人密议之后，决定先在宫中设下埋伏，然后召何进入宫杀之，再按先帝遗诏立刘协为帝。何进不知是计，匆匆入得宫来。在途中，他忽见一人迎面走来，并一再以目光向自己示意。何进猛然警觉，立即转身出宫，上马抄近道驰还自己的大本营。原来，此人姓潘名隐，本是何进的旧交，时任蹇硕麾下的武官。他见何进自投罗网，急忙以无声之语言救下老友一命。

在袁绍等部将的簇拥护卫之下，何进随即点起属下精锐兵马，浩浩荡荡进驻城中，在招待天下州郡来京官员的宾馆中安营扎寨，以此向蹇硕等宫廷宦官显示武力。蹇硕见情势对自己不利，只得放弃拥立刘协为帝的打算。四月十三日戊午，刘辩在宦官的陪同之下，正式即位于汉宫之中，是为少帝。

十四岁的小皇帝不能亲理政事，其母何氏遂以皇太后的身份临朝听政。至于具体政事之办理，则由辅政的大将军何进负责。至此，灵帝死后所造成的政治危机，似乎已经烟消云散了。

其实却不然。一场充满血腥味的激烈政治斗争，即将在东汉末期的历史舞台上开始演出。而在这场演出中，本书的主人公袁绍，将要扮演一个非常关键的角色。这正是：

禁军统领风光短，血雨腥风在眼前。

要想知道袁绍将在一场甚么样的残酷政治斗争之中，又将扮演甚么样的关键角色，请看下文分解。

第四章

诛锄宦官

自从小皇帝刘辩一登基，袁绍即开始以顽强的努力，策动大将军何进彻底诛锄宦官的势力。

他之所以如此，主要有两方面的动机。

首先是出于自身利害上的考虑。他自从以清流士大夫集团少壮派代表人物的姿态重新进入政界之后，就与宦官势力划清界限保持距离，采取不合作的立场，并逐渐走到现今与宦官势力敌对斗争的田地。他与宦官的紧张关系已经很难调和，而且他也不想调和，因为这已经使他的社会声誉大为提高，政治收益不小。但是，如果自己不愿意同宦官势力同流合污，那就必须防范他们的突然袭击。在这方面，前车之鉴有的是。东汉中期以来，与宦官势力相争而死于宦官之手者，一般性的官员不算，单是执掌朝政的大将军或车骑将军即有四人。他们不是皇帝的舅父，便是皇帝的小舅。和帝之时，有中常侍郑众杀了大将军窦宪；顺帝之时，有中黄门孙程杀了车骑将军阎显；桓帝之时，有中常侍单超杀了大将军梁冀；灵帝之时，有中常侍曹节杀了大将军窦武。这些朝权在握的重臣，都是在疏于防范的情况下，遭受对方突然袭击而丧命的。他们一死，其忠实追随者自然也跟着遭殃。事情很明显，袁绍如果想要避免与何进同受杀身之祸，只有先发制人一条路。

企图一举建立不世功勋，则是另一层动机。袁绍其人，由于生母出身问题的压抑，从极度自卑而表现出极度自傲。他为了以崭新的形象重入政界，不惜耗费八九年的宝贵时间来"养名"。既然自己在政治场中投入了这样大的资本，他自然一心想得到巨大的成功作为回报，鸡零狗碎的收获是不屑一顾的。这就是俗间所言的"一锄头想挖个金娃娃"的心理状态。"金娃娃"在哪里挖？只有在宦官身上挖！因为自从东汉中期以来，凡与宦官势力作对者，还从来没有人取得过胜利。如果自己诛锄宦官得手，必建不世之功——这是其一。宦官擅权，政纲失统，天下人无不切齿痛恨，特别是党锢之祸发生以来更是如此。所以成功铲除宦官，必定会受到天下官民的欢迎和拥护——这是其二。取宦官之首级，只需一朝之功，远比在其他方面建立出色政绩来得快速——这是其三。有此三大利，袁绍何乐而不为呢？

但是，袁绍根本没有想到，自己一手策动起来的这场反宦官斗争，竟会给东汉政局造成空前的混乱和灾难性的后果，并由此敲响了东汉皇朝的丧钟。从这一角度来说，他确确实实是影响东汉后期历史走向的关键性人物了。

下面，我们就来看袁绍在历史舞台上充满刀光剑影的血腥表演。

中平六年（189 年）四月十三日戊午，十四岁的少帝刘辩即位于汉宫，随即大赦天下。

袁绍很想趁此除旧布新之际，劝说何进动手铲除宦官。但是，在拥立少帝刘辩一事上，宦官对何进作出了让步，他不知道何进此时对宦官态度如何，便借助一位第三者去试探。

试探者名叫张津，是何进身边最为亲近之人。张津找了一个合适的时机，把袁绍的意思悄悄转达与何进，说道："宫中诸黄门、常侍，专权已久，又与永乐太后相结，收取贿赂，干乱朝政。将军以帝舅之尊，受命辅政，宜清扫君侧，为天下清除祸患。"

此时的何进，仍然对当初蹇硕意欲暗算自己一事而怀恨不已。再加上袁绍又提到了永乐太后与诸宦官的相互交结的情况，心中更是怒火中烧。这永乐太后是谁？即是汉灵帝刘宏的生母董氏。按照汉代的礼制，皇帝的祖母、母亲和嫡妻皆有专门的代称。祖母称"长信宫"，即太皇太后；母亲称"长乐宫"，即皇太后；嫡妻称"长秋宫"，即皇后。但是，当皇帝绝后，不得不从外地藩王中挑选一人来入继大统时，这位由藩王登基的皇帝，其母后就不能称"长乐宫"而只能叫"永乐宫"了。一字之差，表明这位皇太后本非皇帝之妻，而只是藩王之妻而已。古人对于嫡庶区分之严格，由此可见一斑。汉灵帝刘宏，正是以藩王身份入继大统者，故而其母即被称为永乐太后了。

这位永乐太后，与其媳妇何氏，也就是少帝刘辩之母，何进自己的妹妹，关系自来不和谐，而且不是一般性的婆媳矛盾。当初何皇后毒杀了王美人，王美人留下的孤儿刘协，即由董氏哺养。因此，董氏一直劝说儿子刘宏，立刘协而不立刘辩为太子。何后及其兄何进，从此把董氏恨之入骨。如今听说宦官蹇硕与永乐太后相互交结，站在一起，何进的怒火当然抑制不住了。事实上，袁绍也正是看到何进与永乐太后之间有激烈的矛盾，所以才故意让张津提到永乐太后之事，以便激起何进的怒气，使其能下决心。

果不其然，何进立即亲自召见袁绍，专门密商铲除宦官之事。二人商议的结果，认为在下手之前，还必须加强自身的力量。在袁绍的推荐之下，何进迅速聘请二十多位足智多谋之士入京，授以机要官职。这批智谋之士，多是过去坚决反对宦官的党人。例如，袁绍的密友，过去隐姓埋名的何颙，即出任北军中候之要职。欲知这北军中候之官位何等重要，不可不先略说东汉禁卫军的组织和分工。

皇宫之内，各殿堂的门卫及皇帝的随身护卫，统一由九卿之一的光禄勋负责。其下有五官中郎将、左中郎将、右中郎将、虎贲中郎将和羽林中郎将这五位分队司令官。殿堂门卫主要由前三者负责，随身护卫主要由后二者负责。

皇宫宫墙各道大门的门卫，以及宫内的流动巡查，统一由卫尉负责。其下有北宫卫士令和南宫卫士令各一人，分别负责北宫和南宫之大门守卫。

皇宫宫墙之外的四周紧邻地区，也有军队日夜巡视，其长官为执金吾。

京城洛阳的十二座城门，每门设置门候一人，领兵盘查出入行人。十二门候之上，则设立城门校尉以统领之。

至于京城内外空间地区的拱卫，则统一由北军中候负责。其下监统有屯骑、越骑、步兵、长水和射声这五大营的禁卫精兵，每营设校尉一人指挥。

以上共计五部分的禁卫兵马，从宫内逐渐扩展至宫外，形成一套完整周密的防卫系统。而其中最重要的部位，一是光禄勋所统的宫内宿卫，因为最为贴近皇帝；二是北军中候所统的京城内外拱卫，因为其军队力量最为强大。如果用现今的情况来做比喻，光禄勋如同元首的侍卫长，北军中候则如同首都地区的卫戍司令官。

出现了党人掌握要职的新情况，宦官首领蹇硕再愚再蠢，也会感到危险正在袭来。他赶忙与各个中常侍写信通报，信中写道：

> 大将军兄弟秉国专朝，今与天下党人谋诛先帝左右，扫灭我曹。但以硕典禁兵，故且沉吟。今宜共闭上阁，急捕诛之。

意思是说，大将军何进兄弟联合党人，要想消灭我们，只是因为我本人统领着禁卫兵马，所以他们才犹豫不决，现今我们要趁自己还控制禁卫兵权之际，抢先下手，而下手的办法，是等待何进入宫奏事时关闭宫门，围而杀之。

关闭宫门围而杀之，此乃东汉宦官暗算政敌的常用手段。殊不知此时的宦官们心也不齐。其中有一位中常侍叫作郭胜，乃是何进的南阳郡同乡，当初何皇后之所以能得宠于灵帝，何进之所以能节节高升，与郭胜大有关系。因此，何氏兄妹对这位郭常侍多有厚报。郭胜之心向着何氏，便向宦官另一位首领赵忠建议道："今大将军所恨者，唯蹇硕一人；若以蹇硕之头付与大将军，我曹即可高枕无忧矣。"

赵忠对蹇硕这个年轻后生平素的趾高气扬，早就看不顺眼，故而颇以郭胜之言为然。其余诸常侍皆同意此议，于是，公推郭胜把蹇硕的这封密信，交给何进去处置。

收拾一个孤立无援的蹇硕，何进也还能够胜任。四月二十五日庚午，也就是汉灵帝死后才半个月，蹇硕的人头便落了地。而蹇硕所握的兵权，也落到何进手中。

初次较量大获全胜，作为策动人的智囊袁绍不禁大受鼓舞。他趁热打铁，再向何进建议道："先帝当初登上大宝之时，大将军窦武欲诛宦官而反为所害者，因秘密泄露而禁卫军官兵皆畏宦官使然也。今将军居帝舅之尊，兄弟并握强兵，部属均系天下英豪，乐为将军竭智尽力，此乃天赐良机，正当尽除内患，以建不朽英名。又将军受诏辅政领兵，身系国家安危，不宜轻出宫掖，以防不测。"

袁绍的建议有二：一是要何进抓住时机，把长期擅权干政的宦官势力全部彻底根除。二是要何进吸收前朝窦武打虎不成反受虎害的教训，注意自身的安全。对于第二点建议，何进立即接受。他从此以重兵保卫自己，既不至灵堂为刚刚逝世的皇帝守灵，六月七日辛亥灵帝遗体入葬的活动他也不参加。可是对于第一点建议，他却有自己的想法。

何进当初最想除掉的敌人主要是蹇硕，并不真心想把宦官全部斩尽杀绝，至少说他对那位有恩于自己的郭胜就下不了手。郭胜与赵忠主动把蹇硕的阴谋揭发之后，何进对宦官的看法明显有所改变。他认为：宦官当中既有敌人也有朋友，既有恶棍也有善士，岂可全部付诸刀斧？所以他对袁绍的答复是：诛宦官之放纵作恶者而不及其余。

袁绍立即申明必须全部清除宦官的理由，他慷慨陈词道："宦官接近至尊，口含天宪，出纳王命。今如不悉数从宫中废除，此后必成大患，望将军三思！"

在这里，袁绍用了"废除"一词，而不说"诛杀"，算是有所让步。放纵作恶必须诛杀，温顺良善者可以回家，总而言之宫廷之中不能再有宦者存在，这就是"废除"一词之意。

何进认为，袁绍的新说法可以接受。至于废除宦官之后宫廷中的有关事务，两人都觉得可以选拔一批德才兼备的士人入宫来承担。计议既定，何进便入宫去见皇太后，向这位临朝听政的妹子禀告一切，请求批准。

不料何太后一听就坚决反对，她说道："中官（指宦官）统领宫禁事务，乃汉家享有天下以来一直施行之制度，岂能随意废除！再说先帝新弃天下（指死亡），我怎么能与青年士人面面相对朝夕共处呢？"

何进一听，觉得妹子所言也有道理。祖制不好擅自废除。就是废了，妹子年轻守寡，左右如果都是一批没有切除生殖器官的青年士人来侍奉，也确实不大合适。但是，他哪里知道，上述理由都是他妹子早就想好用来搪塞他的。原来，何太后的生母，以及其同母兄何苗，都暗中收受了宦官们的不少贿赂。他们得知何进有意清除宦官，生怕断了今后的财路，便极力在何太后面前做工作。他们不仅为宦官美言，而且利用何进是前母所生这一层隔阂，攻击何进"专杀左右，擅权以弱社稷"，似乎有夺取帝位之野心。生母和胞兄何苗之言，何太后当然信之不疑，所以何进一开口，就碰了一鼻子灰。

袁绍得知消息，不禁气得咬牙切齿，暗中骂道："无知女流，岂可与之议定国事！"

冷静下来之后，他开始考虑下一步怎么办。如今自己为何进策划诛灭宦官之事，外间已有所耳闻。势成骑虎，只有继续努力实现原计划，才是唯一的生路。那么怎样才能促成此事呢？他冥思苦想了三天，最后竟然想出了一个后来导致一场社会大祸乱的馊主意来。

袁绍再次晋见何进，陈说不全部清除宦官必定反受其害的道理，并且又把前朝三位大将军和一位车骑将军遭到宦官暗算的史实叙述一番。何进又心动了，但是表示自己无法说服太后。袁绍认为此事不难，只需如此如此即可。何进一听袁绍之计，不禁脱口称赞道："本初智计，果然不凡！"

袁绍究竟向何进献了一条什么样的计策呢？

袁绍认为：太后乃是女流，女流生性胆小，因此可以下令征调镇守四方之猛将领兵入京，让他们声言要消灭宦官清除君侧，如此则太后必然产生恐惧，这时再向她提出请求，大事就能成功了。

何进正要依计而行下达征兵令，不料在心腹部下之中，反对之声立即出现。

首先提出异议的是大将军府的主簿陈琳。陈琳，字孔璋，乃徐州广陵郡射阳县（今江苏省宝应县东）人氏。其人长于文笔，尤其擅长章表奏议之类的公文，后来名列文坛"建安七子"之一。他在大将军府任主簿，相当于办公厅主任，自然预闻此等机要事务。他立即劝阻何进道："俗间有'掩目捕雀'之谚，黄雀小物尚不能以欺诈得手，何况国家大事乎？今将军总皇威，握兵要，龙骧虎步，生死在手，以此行诛除之事，有如鼓洪炉以燎毛发，易如反掌。只需速发雷霆，当机立断，即可一举成功，顺天安民。今弃利器而不用，反而求助于他人；外兵一旦入京，强者为雄，正所谓倒持太阿宝剑，授人以柄；届时功既不成，反而会招致祸乱呀！"

接着，担任御史台侍御史的郑泰，尚书台尚书的卢植，都向何进上言，说征召外兵进京实无必要，而且祸患无穷。此时的何进，竟一改昔时优柔寡断的性格，变得刚愎自用起来。郑泰眼见京城祸乱将至，乃弃官而归故乡，临行前只对人说了一句话："何公未易辅也！"意思是说，这位何大将军不是容易辅佐的人啊！

征召外兵入京以求尽诛宦官，这个主意究竟如何，当时担任典军校尉的曹操得知此事后，曾有一段客观而公允的评语，他说："阉竖之官，古今皆有，只不过君主不宜假以权宠，至令此辈放纵不法到难以容忍之程度。今欲治其罪，当诛元凶，此事交付一狱吏足矣，何必纷纷扬扬征召外将？一心想尽诛宦官，则势难保守秘密，败亡之祸，就在眼前了！"

这边的曹孟德在一旁发表高论，那边的何大将军已经发出了四道征兵入京的文书。四道文书分别召来四支地方劲旅，四支劲旅的兵锋均指向京城洛阳。由东面驰来的劲旅有两支，一支是来自兖州泰山郡（治所在今山东省泰安市东）的强弩手，另一支是来自兖州东郡（治所在今河南省濮阳县）的铁甲兵。由北面驰来劲旅一支，是来自司隶校尉部河内郡（治所在今河南省武陟县西）的轻骑队。以上三支劲旅，分别由何进的幕僚王匡、东郡太守桥瑁和武猛校尉丁原统领，倒也能够听从指挥号令。唯有从西面河东郡驰来的一支劲旅根本不听招呼，因为他们的长官是一个混世魔王般的恐怖人物，名叫董卓。

董卓，字仲颖，乃凉州陇西郡临洮县（今甘肃省岷县）人氏。其人生得身材魁梧，膂力过人，更兼擅长骑射，能在急驰之中左右开弓，箭无虚发。董卓少年从军，凭着一身超群的武艺，再加上杀人不眨眼的凶残，他在军中节节迁升，最后当上了前将军兼并州牧。东汉的军职，以大将军居首，以下依次为骠骑将军、车骑将军、卫将军、前将军、后将军、左将军、右将军，以及名目繁多的杂号将军等。自右将军以上，都属于高级将领。董卓身为前将军，又兼并州牧，并州的主要地域在今山西省、陕西省和内蒙古自治区，相当广阔。他手握军政两权，也算是地位显赫的人物了。但是，他并不满足。目睹朝政日益衰乱，不禁野心勃勃，一心想凭借手中的骄兵悍将，攫取更大的利益。因此，朝廷征召他任九卿之一的少府卿，他借故推辞；要他交出兵权，他公然上书拒绝。史称他"驻兵河东，以观时变"，"朝廷不能制，颇以为虑"。对于这样一个狡黠骄悍而难以对付的野心家，何进竟然给他发去一纸征兵入朝的文书，董卓岂不是要高兴得大呼一声"天助我也"么！

征兵文书发出之时，董卓的三千兵马正驻扎在京城以西四百里处的河东郡（治所在今山西省夏县西），观望京城的时局变化。得到命令的当天，兴奋不已的董卓立即领兵东下，奔赴洛阳。东汉历史上空前残酷的"董卓之乱"，自此便拉开了序幕。

董卓指挥兵马来到京城以西一百五十里处的新安县（今河南省义马市），然后按照何进的授意，向朝廷上了一道声讨宦官的表章，其辞曰：

中常侍张让等，窃幸承宠，浊乱海内。臣闻扬汤止沸，莫如去薪；溃痈虽痛，胜于内食。昔赵鞅兴晋阳之甲以逐君侧之恶，今臣辄鸣钟鼓如洛阳，请收让等，以清奸秽！

大意是说，中常侍张让等宦官，仗恃受宠，败坏国政。消除祸乱应当采用彻底的手段，灭火抽薪，切除脓疮。我现在仿效春秋时期赵鞅那样清除君主旁侧的恶人，所以统领军队前来洛阳，请求朝廷逮捕张让等人，清扫这批奸凶污秽！

这道杀气腾腾的表章送到何太后面前之际，其余三支劲旅已经先后抵达洛阳的远郊。进驻城东北三十里处孟津渡口的丁原，先就放起火来，入夜之后火光远照洛阳城中。一时间，京城内外空气骤然紧张。

作为这一切的幕后策划者袁绍，心中颇有几分自得之感。但是，这种自得之感很快就消失无余，因为从宫中传来消息：何太后根本不吃外面的这一套！她自小生长在屠宰牲口之家，利刀呀，鲜血呀，那都见得多了。轻飘飘的一纸奏章也好，远远的几把火也好，根本就吓唬不倒她。

事到如今，妹子仍然不让步，何进不禁又犹豫起来。他连忙命令四支外兵停止前进，原地待命。王匡、桥瑁和丁原三将，都遵命不前，唯有董卓置若罔闻，催军疾进，一直来到京城西面不过三四十里处的河南县（今河南省洛阳市），才传令下寨安营。

此时的袁绍，心中焦虑万分，他生怕何进完全改变主意，到时候自己难免要与何进同受灭门之祸。想来想去，觉得还是只有拿危言去恐吓何进，才有挽回局势的可能。于是，他立即赶到大将军府，对何进再次进言道："而今将军与宦官的交恶已经形成，意图完全显露，将军还不早作决断更待何时？事久则变生，届时将军便是窦武第二！"

这番恐吓果然产生了预期的效果。何进重新下定决心，立即任命袁绍为司隶校尉、假节，专门负责对付宦官。同时，又任命另一位心腹幕僚王允为河南尹。

按照东汉皇朝的行政区划制度，全国分为十三州。州长期沿袭西汉旧制，属于监察区，其长官为刺史，作为皇帝的特派使者，检查本州之内各处郡县官员，以及豪强大族的不法行为。到了袁绍所在的东汉晚期，州又演变为具备实际权力的行政区，其长官或为刺史，或为州牧。于是郡县两级制，就变成了州郡县三级制，州辖郡，郡统县，县之下的基层机构是乡、亭。但是，京城洛阳和西都长安所在的州，不称某州而特名为"司隶校尉部"，其长官也不称刺史或州牧，而特名为"司隶校尉"。司隶校尉的职任，主要还不在治理本州的民事，而是监督、纠举并且处置京城百官以及京城附近地区行政官员中的违法犯罪者。

另外，汉代又常常针对负有重要使命的臣僚，授给一种特别的器物，也就是节杖，用以加强其威权。节杖用竹制成，柄长八尺，约合今192厘米，其端部系有黄色旄牛长尾。凡是以"持节"或"假节"名义持有节杖的臣僚，即有代天子行使所受特权之意。司隶校尉若再假节，那就拥有了处死违犯法律者的权力。两汉以来，凡是朝廷想要整肃京城吏治和不法权贵之时，都要起用一位不畏权贵敢作敢为的人物来充任司隶校尉，故而司隶校尉有"雄职"之称。远者不说，就在汉灵帝之时，即有一位阳球出任司隶校尉。他上任之后，便把为非作歹的掌权宦官王甫父子，以及附从王甫的太尉段颎收监下狱。经过一番严刑拷打，王甫父子都死于刑杖之下，身为三公的段颎被迫自杀。一时间，京城畏震，宦官屏气，风化肃然。

何进现今把袁绍安排到司隶校尉这一雄职之上，又让心腹幕僚王允出任京城地区的郡级行政长官河南尹，与袁绍密切配合，其用意是十分微妙的。你袁绍不是坚决主张诛锄宦官么？好，我大力支持你。但是我总不能亲自领兵进入皇宫去动手搜捕宦官呀，所以现今我委任你为司隶校尉，并且授予代表威权的节杖，请你就学习学习阳球，放开手脚去大干吧。

策动别人是何等慷慨激昂的袁绍，到了这时却竟然露了怯。阳球把宦官收拾得痛快淋漓，后来反而被宦官送上西天，连妻子儿女都跟着倒了大霉，全部流放到边荒之地。他不愿意落到阳球的下场，也就不会仿效阳球的作为。因此，袁绍就职之后，表面上派出部下去监视宦官，但在实际上却并未采取行动。他真正的行动，是暗中指使董卓等四位统率外兵的将领，不断向朝廷驰送奏章，强烈要求进驻京城以清君侧。袁绍的心思，是要迫使何太后本人来处置宦官，这样自己就可以免除后患了。临大事而存私心，此乃袁绍品性中的最大弱点之一。

到了这时，何太后才有了一点点畏惧心。她发出指示：除了何进大将军相信得过的少数宦官之外，其余所有的宦官，全部清理出宫，安排居住在普通民宅之中。这一来，骄横不法的宦官们也慌了神，诸位中常侍、小黄门都来到大将军府请罪，任随何进处置。望着地上跪伏哀哭的一大群宦官，何进不禁有几分心软，便呵斥诸人各自离京还乡，自谋生路。

作为司隶校尉的袁绍，如果在这时动手惩治宦官，不仅名正言顺，而且易如反掌。但是，他没有动作，他仍然想借刀杀人。史称"袁绍劝进便于此决之，至于再三，进不许"。袁绍一再劝何进大开杀戒，没有成功，就又想了一个转弯抹角的办法来逼何进下手。于是袁绍假冒何进的名义，向州郡地方政府下达文书，命令他们收捕宦官的家属，以便造成何进骑虎难下的局面。这一办法当然会耽误时间，结果就在这一延误造成的间隙之中，宦官们反而抢先下了手。

原来，中常侍的大头领张让，最是阴险狡猾。他的养子之妻，即是何太后之妹。凭了这一层关系，张让向何太后说了一通花言巧语，何太后便又允准领头的宦官们回返了皇宫。

眼见领头宦官回宫，何进这才觉得情况不妙。八月二十五日戊辰，他匆匆入宫求见太后，再次请求太后下诏诛杀宦官。其实，以何进当时的权力和地位，他完全能够不经太后允准而径行处置诸宦官。可是，他的致命毛病也同袁绍一模一样，总是想借他人之手去杀人。就在他与太后妹子会见之后出殿之时，便被张让等数十名宦官团团围困，迅速推送到嘉德殿的前面，一阵乱剑将其送上西天。

何进的部将吴匡、张璋，最先得知长官被害的消息，二将立即点起大将军军营中数千兵马，并且会同虎贲中郎将袁术，一起进攻何太后与皇帝所居住的南宫，要求交出凶手。顿时，平素警卫森严的皇宫大门内外，杀声动地，火光冲天。

皇宫内的张让等人得报，连忙部署宫内警卫人员拒守。同时，趁着傍晚暮色渐浓，率领诸宦官，带上小皇帝刘辩和皇弟刘协，从南宫北面的复道逃到北宫。东汉洛阳的皇宫，由南宫与北宫两大部分组成，两宫之间有不远的距离，其间使用复道连接。所谓的"复道"，又称"阁道"，今日的空中天桥是也。张让等人逃到北宫之后，司隶校尉袁绍这才知道宫内发生了惊人的大变故。

拖到了这时，袁绍也不能不亲自动手了。他立刻率领家兵，连同司隶校尉府中的卫士，直奔北宫的南大门。刚到南大门的朱雀阙下，便碰到趁乱打开南宫北面小门逃出的另一拨宦官，为首的就是另一个头领赵忠。赵忠就是六年前斥责袁绍"坐作声价，不应呼召而养死士"的那一位擅权的老宦官。今日相见，袁绍自然放他不过，先一阵乱刀，把这个"天子的老娘"砍死，然后挥兵攻打北宫的南大门。

大难临头，麇集于北宫的宦官们纷纷出逃。他们哪里知道，袁绍的兵马一直在北宫的周围巡逻，一旦发现宦官，立即就地杀死而不分老少，所以出逃者无一幸免。被切割了生殖器官的宦官，其显著的特征是面部无须，兵士便认准面部无须的男人开刀，以至于有的本非宦官的无须男子，也误作了刀下之鬼。其后人们猛然醒悟：宦官的胯下是没有阳物的！于是一旦被误抓，赶紧脱下裤子显露出那救命的证据。就是这样，在不到两天的时间里，也有二千多人的头颅落了地。

八月二十七日庚午，袁绍的兵马攻破北宫的南大门，也就是端门，进入承明堂。张让等数十名幸存的宦官，见大势已去，急忙背负刘辩、刘协兄弟，悄悄从北宫北面的一道小门溜出皇宫。北宫的北墙，距离洛阳城的北城墙不远，所以张让等人步行出宫之后，很快就从城北一道叫作榖门的城门出了城，直奔北面三十余里处的黄河渡口——小平津。

袁绍闻讯，立即挥兵急追。当夜，走投无路的宦官，全部在黄河南岸投河自杀。至此，擅权干政将近百年之久的东汉宦官势力，终于被彻底消灭在黄河边上！

八月二十八日辛未清晨，袁绍来到城北二十里处的北芒山下，迎接少帝刘辩兄弟回宫。他立马山头，南望那巍巍帝京，颇有几分顾盼自雄的气概。诛锄宦官的不世奇功，已经由我袁本初一手建立起来，此后主宰汉家天下沉浮者，舍我其谁？

但是，他却没有想到，还有一个董卓呢。这正是：

杀尽宦官休得意，强兵悍将又来临。

要想知道此时的董卓，将会采取怎样的动作，袁绍又将如何来应对这个混世魔王，请看下文分解。

第五章

悬节出京

袁绍只用了三天三夜的时间，就把宦官悉数诛灭之后，他便陶醉在眼前的成功之中，以至于把一个最为紧迫的问题忘到九霄云外了。这个问题，就是如何处置应召而来的四支强悍外兵。

当初征召外兵的目的，是要逼迫何太后清除宦官。如今宦官已经全部扫荡干净，外兵就没有必要继续停留在京城了。特别是董卓这一支边塞劲旅，领兵官是不服朝廷节制的悍将，部属均为喜杀好战的骄兵，让其进入繁华富庶的京都，必定祸患无穷。因此，遣返四支外兵便是维持中央政局稳定的首要大事。

当初征召外兵的主意是袁绍出的，所以遣返外兵的任务自然也应当由他来承担，所谓"解铃还须系铃人"是也。何况他在此时，也完全能够承担这一任务。何进一死，京师百官之中，就数他的威望高和实权大。再说他能够一气捕杀二千多名宦官，手中至少也拥有两千人以上的兵力。他袁家在京城还有众多的门生故吏，潜在势力相当强大。反观四支外兵，也主要只有董卓一军不听指挥，而董卓当时的人马不过三千。实在不得已，使用武力手段强行驱逐，袁绍也有可能操胜算。

可惜，袁绍完全没有及时采取行动，因而他也不能不自食恶果。

八月二十七日庚午，诸常侍挟持天子兄弟乘夜出逃。当晚，宦官全部投河自杀，唯余十四岁的刘辩和九岁的刘协。在小平津渡口与洛阳城之间，有一座东西绵亘的浅山，这就是著名的北芒山（今河南省洛阳市东北郊邙山）。小皇帝兄弟二人在漆黑的荒野之中，追随着微弱的萤火虫光，向南摸索前行。到了天色大明之际，才走到北芒山的南麓，此处距小平津才不过十余里。

此时，袁绍与闻讯赶来的朝廷公卿大臣，齐集于北芒山前恭迎圣驾。群臣施礼问安之后，便簇拥着小皇帝兄弟继续南行回城。君臣刚刚动步，忽然间西南方向黄尘大起，一支上千人的骑兵队伍疾驰而来。为首的一员将军，身材肥壮，满面杀气，众人仔细一看，原来是前将军兼并州牧董卓。

董卓得知京城有变，立即领兵从河南县奔赴洛阳，并驻扎在洛阳西郊的显阳苑之内。八月二十七日夜，董卓望见城中火光冲天，情知有异，连忙催军东进。到得西城门下，已是半夜过后。他听守城兵士言说，皇上已经与弟弟陈留王刘协，出宫往小平津去了，他也不入城，即由郊外径奔城北。及至黎明，正好与回城的队伍相遇在北芒山下。

几天来饱受惊恐饥饿的小皇帝刘辩，一见又有大兵奔来，不禁吓得啼哭不止。朝廷群公一面安慰皇帝，一面上前阻挡来兵，并向董卓喊道："有诏令将军退兵！"

董卓用马鞭把传令之人一拨，高声对众官言道："诸公身为国家大臣，不能匡正朝廷，反而使至尊备受惊扰，有何资格令我退兵！"

群公无言以对。董卓径自上前与皇帝言语。刘辩见他一脸凶相，早已吓得语无伦次。董卓不耐烦，便转头问陈留王刘协，询问昨夜出逃的经过。九岁的刘协听了董卓与兄长的谈话，最初的紧张心情很快消失，所以在董卓转头与他交谈时，他的态度镇定，口齿清楚，叙述周详，立刻使董卓产生了好感。于是董卓伸手抱起刘协，共骑一马与众人回城。

就在董卓旁若无人一般与皇帝兄弟二人对话之际，站在袁绍身旁的一位将军，把袁绍拉到一旁，悄悄说道："董卓拥强兵，怀异志，举止不逊。今不早图，将受其制。趁其兵马初至，疲劳未消之机会，举兵突袭，必可擒之！"

袁绍心中怦然一震。说话人是谁？听口音他就知道是密友鲍信。鲍信生自兖州泰山郡东平阳县（今山东省新泰市）一个儒学世家，其人素有大志，沉毅多谋。何进辅政，特别任命鲍信为骑都尉，并派他回家乡招募兵马入京，以威胁何太后诛杀宦官。鲍信募得千余精兵后即回返洛阳。可惜来迟一步，他抵达洛阳城东一百里处的成皋县（今河南省荥阳市西）时，何进已经遇害。鲍信得报后急驰入京，正好赶上公卿迎接天子回宫这一幕。

对于鲍信，袁绍一直非常尊重。但是，他听了密友之言却毫不作声。倒不是觉得荒郊路上并非议事之处，而是他对董卓有自己的认识。这种认识含有两面，一面是轻视，另一面则是畏惧。

袁绍对土包子气十足的董卓，是十分瞧不起的。他认为：

在边荒草原牛马群中长大的董卓，打仗冲锋或许是极其凶悍，但要想在朝廷中来治国秉政，绝对没有这等本事。因此，说他董卓有什么政治上的"异志"，恐怕有点多虑了。

袁绍对悍气十足的董卓又是有几分畏惧的。这种杀人如麻的角色，犹如路上碰见的野狗，你根本不理它，多半无事；你一理它，倒很有可能被咬一口。既然袁绍有此畏惧之心，用武力解决董卓的冒险行动他当然不会考虑。

此后袁绍对鲍信的建议，一直避不作答。鲍信深感失望，并且认定董卓将给京城带来一场巨大灾难。"君子见机而作，不俟终日"，他想起《周易·系辞》中的这一名言，立即离京返还故乡，提前避乱去了。

就酿成后来残酷的"董卓之乱"而言，力主征召外兵入京以逼迫何太后，是袁绍所犯的第一个大错；未能听从鲍信的建议，尽早及时以武力制伏董卓，则是他所犯的第二个大错。这两大错误都很明显，是后世的史家经常提及的。但是，紧接着袁绍竟然又铸成了后世史家很少提及的第三个大错，这就是未能及时收编散布在京城的散兵游勇，结果造成董卓坐大自雄。

当此之时，洛阳城中的散兵游勇不下万人。何进一死，大将军府所辖的各营禁卫军兵士随即溃散。在进攻皇宫的混战中，车骑将军何苗，也就是何进的异母弟，何太后的同胞兄，被何进的部下杀死，其所统领的军队也成了无首的群龙。如果袁绍在诛灭宦官之后，立即着手收合这一大批散乱的兵马，再加上自己原有的部属，其拥有的力量必是上万精兵，首屈一指。只有三千步骑的董卓，也必定不能为所欲为。但是，袁绍虽然当时完全具有如此作为的威信和地位，却并未看到这至关重要的一着棋。

这一着至关紧要的棋，袁绍不下，董卓却抢先落了子。董卓一入洛阳城，所做的第一件事，就是大力收合招募散兵游勇。俗话说："当兵吃粮。"谁能够给粮食吃，把肚皮吃饱，那就跟谁好了，所以散兵游勇纷纷投到董卓军营来吃粮，史称当时是"进、苗部曲无所属，皆诣卓"。董卓开始大力招兵买马，袁绍不可能不知道。此时如果袁绍立即警醒并采取同样的行动，也还可以挽回局势，因为在京师地区将士们的心中，袁绍的吸引力和感召力，要比董卓大得多。然而非常之可惜，袁绍对此没有任何反应。难怪后来曹操对他有一个"见事迟"的中肯评语。

董卓把京城中的散兵游勇悉数收归帐下之后，又立即开始动手吞并丁原所带来的那支外兵。他以重赏收买了丁原手下的悍将吕布，令吕布杀死丁原，从而又把丁原手下的数千人马抓到自己手中。数日之中，董卓的兵力已从区区三千扩张到上万之众，正如史书所言，"京都兵权唯在卓"了。由此看来，刀把子里出政权，董卓对此早就有深刻的认识了。

一旦手握强兵，董卓便开始过问政治。他表示出这方面的意向之后，朝廷只得任命他为三公之一的司空。出任三公之后，董卓所做的第一件事，即是废黜天子刘辩，改立刘协为帝，史籍称之为"废嫡立庶"。

那一天在北芒山下迎接皇帝，董卓就对皇弟刘协很有好感。其后，他得知刘协自幼是由永乐宫董太后哺养，自认为与董太后有同族之亲，遂萌生出改立刘协为帝之心思。废嫡立庶，乃是违背典制之事；以臣废君，更属大逆不道。但是，董卓哪里会管你这一套，他就是要做以臣废君、以庶代嫡的不道之事，看你们朝廷衮衮诸公又拿我怎么办！

在朝诸公之中，董卓还只看得起袁绍，所以在把废立之事提交朝臣讨论之前，他先向袁绍透露了自己的想法，他说："皇帝年少昏庸，不配为万乘之君。陈留王较皇帝为优，今欲立之。人年少时聪慧而成年后反而变愚钝者，时有所见；陈留王将来是否会如此，亦未可知。然而改立总比不改为佳，卿不见灵帝之无道乎？每想其人其事，总令人愤慨不已！"

董卓认为少帝刘辩有可能成为汉灵帝第二，所以应当改立比刘辩更好的刘协。此言一出，袁绍才知道对方的政治野心着实不小。因为在汉代，敢于以臣废君者，必是独揽朝政的权臣。董卓此时不过是三公之中地位最低的司空，却俨然以朝政的操纵者自居，这使自尊心极强而自视甚高的袁绍大受刺激，他立刻回答道："汉家君临天下四百余年，恩泽弘广，深得百姓爱戴。当今皇帝年虽冲幼，未闻有不善之言行宣流天下。明公意欲废嫡立庶，恐怕众人不会同意啊！"

董卓岂能容忍他人有异议，不禁勃然变色，对袁绍骂道："小子！天下之事由我决断，我今要行废立之事，谁敢不从？你以为董卓的刀不够锋利么！"

袁绍自从二十岁左右正式进入官场，十六七年来到处受人敬重，何曾受到过这样的斥责？何曾被人骂作"小子"？他立即回敬道："天下之强者，岂止你董公！"

说罢，他从容起身，横捧自己的佩刀，双手高举作一长揖，然后转身出堂而去。

所谓"长揖"，乃是当时一种礼节姿势，即行礼的人端正站立，双手相合上举，而后弯腰，双手相合向下至极低处。这是汉代同级官员相见之礼。如果官位不同，则官卑者一般要向官高者行跪拜之礼。依照汉代官制，司隶校尉本是皇帝派出来督察京师地区的特使，与列侯、外戚和三公身份平等而"无尊卑";而且每逢众官聚会,身负特殊使命的司隶校尉还可以"后到先去"。因此,袁绍对董卓作一长揖为礼,并且自行退席,都是合乎礼仪之事。唯独有一点,即作揖为礼时应当双手捧持手版,也就是朝笏。而今袁绍却手捧佩刀,这明显是针对董卓那句"你以为董卓的刀不够锋利么"而采取的示威性动作。

二人会谈不欢而散。在旁作陪的董卓幕僚中有袁绍的朋友,他们都对如此结果感到意外和不安。好在董卓虽然愤怒难抑,却并未动手收拾袁绍。他认为:自己刚刚进入京都参与朝政,袁氏家族名高势大,不妨暂时放袁绍一马,以示宽容,等以后再说。

这边的袁绍回到府邸,心情渐渐冷静之后,反而生出强烈的不安来。他总觉得董卓要对自己下毒手。到了这时,他才后悔当初不该建议征召此人领兵入京,后悔未听鲍信之言先下手收拾此人,防患于未然。但是,大错铸成,后悔也无用。为今之计,只有走为上策。留得青山在,不怕无柴烧。主意打定,他便着手作动身离京的准备。

次日清晨,袁绍带领百余名心腹随从,一律乘骑塞外名马,全副武装,护卫着自己的妻子儿女,由洛阳城东北角的上东门悄悄出城,直奔正东大道。自从何进身亡之后,京城混乱异常，全城的十二道城门也无人驻守。因此，袁绍通过上东门时，没有任何守门军队盘查。袁绍出得门来，回马望了望在晨曦中巍然屹立的皇宫，长叹一声，顺手把那根象征司隶校尉威权的八尺汉节，悬挂在城门的门钉之上，然后拨转马头，猛抽一鞭，向东疾驰而去。

袁绍悬节出京，取道正东，经巩县（今河南省巩义市西）、京县（今河南省荥阳市东南）、中牟（今河南省中牟县东），直奔四百里外的兖州陈留郡首府陈留县（今河南省开封市东南陈留镇）。按照陈寿《三国志·袁绍传》的说法，袁绍出京之后，即直接"亡奔冀州"。然而这一说法是不准确的，或者说省略了中间一段非常重要的过程，理由如下：

七年之后，也就是汉献帝建安元年（196年）十月，袁绍曾经给朝廷呈上了一道表章。表章中自述此番出京逃亡经过时说："会董卓乘虚，所图不轨。……故遂解节出奔，创谋河外。"他明确说明自己当时"出奔"的地方是"河外"，而非冀州。秦汉时称黄河中下游的南岸地区为"河外"，北岸地区为"河内"。而东汉当时的冀州，主要地域在今河北省，其辖地均在黄河之北，属于所谓的"河内"。由此可见，袁绍当时并非直接奔往冀州。

事实上，他出逃的目的地，乃是黄河以南的兖州（主要地域在今山东省、河南省）。这是他在出逃之前就考虑好了的，因为他在洛阳结识的同志密友，此时多在兖州任职。他们当中，有兖州的刺史刘岱，兖州属下东郡的太守桥瑁，陈留郡的太守张邈。还有两位回家乡泰山郡招兵买马的京官，即鲍信和王匡，此时都在兖州不说，而且哪一个不是他的生死之交？此外，兖州山阳郡的太守袁遗，更是他的堂兄。所以袁绍逃往兖州，不仅生命无忧，而且还可以试一试组成反董联盟的可能性。有此两条好处，袁绍岂会舍兖州而他往呢？

三天之后，袁绍进入兖州西部的陈留郡（治所在今河南省开封市东南）辖境，受到老友张邈的热情接待。由于陈留郡距离洛阳还不甚远，并非绝对安全，所以在此稍作停留之后，袁绍又起程赶往东面四百里外的昌邑县（今山东省金乡县西北）。

当时这昌邑县，既是山阳郡的郡治，也是兖州的州治所在，城坚池深，民殷物阜。在这里，他又受到兖州刺史刘岱、山阳郡太守袁遗的夹道欢迎。袁绍把妻室儿女安顿在这十分保险之处，托刘岱与袁遗照顾，自己则轻装简从，在兖州的下属各郡之间展开串联活动，企图组织起一个反对董卓的政治军事联盟。

京城这头的董卓，得知袁绍携家出逃，不禁气得怒目圆睁，虬髯乱抖。他看了看手中那根袁绍丢弃的黄旄汉节，猛然将其掷在地上，命令有关官员从此不得用黄色牦牛尾装饰汉节，而要改用赤红色的节旄。同时，又向东方州郡发出紧急文书，要求立即逮捕逃犯袁绍。

下达了逮捕袁绍的命令，董卓马上着手进行废旧君、立新君之事。他想：我好心尊重你袁本初，你却不受抬举，未必然离了你，我就不敢行事不成！我就立刻做给你看一看。

八月三十日癸酉，也就是袁绍出逃的当天，董卓便召集百官公卿于朝堂，宣布自己废嫡立庶的主张。

九月一日甲戌，董卓召集群臣会聚于崇德殿，以何太后的名义，立刘协为帝，废少帝刘辩为弘农郡王。

九月三日丙子，董卓以何太后曾对永乐宫董太后忤逆不孝，不守妇姑之礼为由，毒杀何太后及其老母，何氏灭亡。

九月十二日乙酉，董卓自任太尉，封为郿县侯，持节，加斧钺、虎贲，兼任前将军，正式成为专擅国政的首辅大臣。

董卓完成这一切之后，回过头来又加紧搜捕袁绍。此时，董卓挟天子以令州郡，兖州的地方官员承受着很大的压力。在袁绍处境日益艰难的时刻，他在京城中的三位朋友开始伸出援助之手。

这三位朋友而今都在朝中供职，并且都受到董卓的信任，他们是议郎何颙、侍中周珌和城门校尉伍琼。何、周、伍三人，见董卓必欲活捉袁绍，不免为故人担忧，遂向董卓进言说："夫废立大事，非常人之见所能及。袁绍不识大体，冒犯明公，恐惧而出逃，并非怀有其他目的。今急欲捕之，反将逼出变故。袁氏树恩四世，门生故吏遍于天下，设若袁绍情急而收合人众，英雄借机并起，则京都以东之州郡非复明公所有。不如赦绍之罪，赐以郡太守之职，则绍喜而归心，必无后患了。"

这一番话处处为董卓设想，相当动听，董卓颇以为然。于是，他派出使者东去兖州，向袁绍传达朝廷旨意，不仅赦免袁绍，而且任命袁绍为冀州勃海郡（治所在今河北省南皮县北）太守，封为邟乡（今河南省汝州市东北）的乡侯，兼前将军。要知道这前将军，原本是董卓自己兼任的军职，现今他慷慨转送给袁绍，其笼络申好之意，由此可见一斑。

在兖州四处流亡的袁绍，突然得到这样的厚待，内心深处确实高兴。但是，他把喜悦之情深藏不露，装着视之淡然的样子接受了董卓的人情。为了表示自己对董卓的人情并不看重，他只接受了勃海郡太守的职务和邟乡侯的爵位，而把前将军的军职原璧奉还。对外交际，则自称勃海太守兼司隶校尉，以示不忘少帝与何进之意。这种种微妙的心思，说穿了无非四个字，即"故作姿态"是也。

时值寒冬，大雪纷飞。新任勃海郡太守袁绍，把家属留在昌邑县，单身前往勃海郡上任。他之所以单身前往，是因为并不想在勃海久留。他行前已经打定主意，当年的年底便要发起一场重大的行动，即组成联军讨伐董卓。这正是：

逃出京城奔勃海，雄心勃勃起联军。

要想知道袁绍如何发动起声讨董卓的联军，又如何导致了后来严重的群雄割据混乱局面，请看下文分解。

第六章

结盟讨董

　　袁绍出京逃亡兖州，其主要目的之一即是企图在那里组织起一个反对并声讨董卓的联盟。因此，一到兖州，他就开始大搞串联活动，用他自己的话来说，就是"引会英雄"而"创谋河外"。

　　讨董的理由当然是非常冠冕堂皇，董卓擅行废立，酖杀太后，专擅国政，图谋不轨，实属十恶不赦，天下义士岂能坐视而不同心讨伐之？但是，就袁绍而言，其真正的动机还是想要在政治上寻求一条出路。这里所谓的"出路"，不单是指躲避眼前被搜捕的危险，更主要的还是指今后长远的前途。
袁绍一直认为：以自己的门第、声望、才干和社会交往，完
全可以做出一番主宰汉家天下沉浮的大事业，普通的一官半
职只能吸引燕雀，岂能留得住我这志存高远的鸿鹄？有了这
样的心思，他就总想一鸣而惊天下。建议尽诛宦官是如此，
而今企图组成讨董联盟也是如此。

　　经过袁绍的串联，决心参加反董讨董联盟的第一批成员，
有兖州刺史刘岱、东郡太守桥瑁、陈留郡太守张邈、豫州刺
史孔伷、山阳郡太守袁遗等人。另外，弃官回到家乡泰山郡
的鲍信和王匡，还有逃亡回家乡豫州沛郡谯县（今安徽省亳
州市）的曹操，逃奔荆州南阳郡（治所在今河南省南阳市）
的袁绍异母弟弟袁术，也都先后加入了这一联盟。起事的时
间，初步定在当年的年底。

　　把反董讨董联盟的架子搭起来后，作为倡议者的袁绍却
忽然发起愁来。因为起事在即，而他这个首谋者却还两手空
空，没有一支属于自己的坚强武装力量。就在他愁眉紧锁之
际，董卓任命他为勃海郡太守的文书却送到了，袁绍不禁高
兴得大叫一声："真乃天助我也！"

　　袁绍何以兴奋如此？原来，当时的冀州处于黄河之北，
人口殷盛，民风劲悍，自来就是天下精兵的主要来源地。而

冀州下辖的九个郡之中，又以这个勃海郡人口为最多，东汉后期登记在册的户口数，即达十三万二千户、一百一十一万口之众，是九郡中唯一一个人口数量超过百万大关者。其余诸郡，人口最多仅有六七十万。再者，东汉中期之后，地方秩序日见动荡，为了稳定局势，原本只管行政事务的郡太守，往往又要兼任本郡地方军队的将军，故而被称为"郡将"。换言之，郡太守在地方上享有征召军队之权。如今袁绍得任百万人大郡的太守，在此征召组织起一支直属部队的难题，不是迎刃而解了么？

因此，尽管时值严冬岁暮，而且又要离妻别子，袁绍仍然意气风发而情绪昂扬，赶往昌邑县正北七百里外的勃海郡去了。

袁绍北赴勃海后不久，陈留郡太守张邈的府中，即来了两位官员。一位是徐州广陵郡（治所在今江苏省扬州市西北）的太守张超，另一位是张超的首席幕僚臧洪。张超乃张邈之胞弟，他风尘仆仆赶到陈留，是要同家兄商量一件大事。这件大事，竟然也是举兵讨伐董卓。

事情最先是由臧洪提起的。臧洪，字子源，乃徐州广陵郡射阳县（今江苏省宝应县东）人氏。其人体貌魁梧，志气慷慨，更兼才能出众，故而张超礼聘他为自己的幕僚长，总办本郡的公务。董卓废黜皇帝、杀死太后而专擅朝政之后，臧洪义愤填膺，立即向张超进言道："主公世受皇恩，兄弟并据大郡，今皇室倾危，贼臣未诛，此诚天下义烈之士报恩效命之秋也。广陵大郡，吏民殷富，义旗一举，可得二万兵众，以此诛除国贼，为天下表率，乃是合乎大义之举啊！"

张超深以为然，所以就同臧洪一起到陈留郡来见家兄。

此时，张邈正在郡治西北百余里处的酸枣县（今河南省延津县西）一带，进行起兵之前的准备，一听家弟也有起兵讨伐董卓之心，当然十分高兴。在同臧洪言谈之后，张邈对臧洪大为器重，于是又派臧洪去见刘岱、孔伷等盟友。刘岱和孔伷也很赏识臧洪。臧洪俨然成为袁绍之后又一个反董联盟的联络人和鼓动者。在他的推动之下，起事的时机日益成熟。

转眼便到了年底。兖州刺史刘岱，豫州刺史孔伷，陈留郡太守张邈，东郡太守桥瑁，广陵郡太守张超，都如期领兵来到陈留郡的酸枣县。这酸枣县北枕黄河，西通洛都，是一处军事冲要之地，故而被选为诸军集中的大本营。众人来到酸枣，作为地主的张邈便指挥部属，修建结盟誓师的土坛和广场。就在万事俱备，只待众人公推的盟主袁绍前来主盟之际，从冀州方面忽然传来可靠的消息：袁绍被冀州牧韩馥用兵管制约束，完全无法脱身南来了。

这又是怎么一回事呢？

韩馥，字文节，乃豫州颍川郡（治所在今河南省禹州市）人氏，时任冀州牧之职。两汉时期的州，在较长时间内主要是一种监察区而非行政区，其监察长官叫作刺史。刺乃"刺奸"之刺，意思是察举打击不法的官员和豪强。在汉灵帝时，又在地位重要而秩序不宁的州设立州牧，以便统一军政权力。凡称"州牧"，即是该州军政两兼的长官，不单是负责监察而已了。州刺史的级别官品，原本比郡太守都要低，而州牧则比郡太守还要高。董卓控制国政之后，韩馥从较低的御史中丞，连升三级，得任大州的州牧，不免对董卓有感恩戴德之意。而袁绍到冀州下属的勃海郡上任之后，颇得冀州士大夫群体的拥戴，韩馥也生怕此人会动摇自己的位置，所以对袁绍的动态极为注意。袁绍在勃海大力招兵买马的消息传来，韩馥坐卧不安，因为无论此举现时是否针对自己，袁绍拥有强兵，都对自己是潜在的威胁。于是，他以袁绍直属上级长官的名义，派出一支军队到勃海郡，并由几名干员指挥，对袁绍实行强制性的监管。袁绍猝不及防，而且也不愿意把自己辛辛苦苦拉起来的部队，拿来与韩馥孤注一掷，便只得老老实实地服从监管。当然，他也派出心腹潜往兖州，向刘岱等人通报消息，请求他们从外部想办法帮自己脱身。

与此同时，韩馥手下的一位名叫刘子惠的主要幕僚，也把韩馥如何监管袁绍使之不能举兵的情况，写信告诉了刘岱，此事更得到进一步的证实。众人紧急商量的结果，决定了以下三条办法。

第一，诸军既已集中，形迹显露，起兵之事只能马上举行而不能推迟。由刘岱、孔伷担任刺史的兖、豫二州，一旦率先起事，天下州郡必定会纷纷响应，这对韩馥将形成很大的压力。

第二，由桥瑁伪造一封由京城三公共同签发的公文，内容是历数董卓之罪，说明国家倾危，希望各州郡齐举义兵，以解国难。这封公文写好之后，桥瑁将派专使送往紧邻的冀州，就说兖州诸郡已经传阅，并将应命举兵，以此逼迫韩馥作出抉择。

第三，由刘岱亲自回信给那位刘子惠，请他转告韩馥，如果坚持支持董卓的立场，不让袁绍起兵，那么联军在击破董卓之后，便将同时掉转兵锋，合力进攻冀州，向担任州牧的韩馥问罪。

计议既定，汉献帝初平元年（190年）春正月，刘岱、孔伷、张邈、桥瑁和张超五支义兵，便在酸枣县的坛场整队誓师，率先结盟起兵，讨伐董卓。五人公推臧洪登坛主持歃血结盟仪式，然后宣读盟文。消息迅速传开，曹操和鲍信、鲍韬兄弟，也在酸枣县东南三百里外的己吾县（今河南省宁陵县西南）起兵响应。接着，王匡起兵于河内郡（治所在今河南省武陟县西），袁术起兵于南阳郡（治所在今河南省南阳市）。一时间，讨董之声四起，天下为之震动。

再看冀州那边的情况。桥瑁伪造的那封假三公文书，很快送到冀州的首府邺县（今河北省临漳县西南）。那位韩馥本是一个凡庸之才，遇到此类棘手之事便慌乱不知所措。他只好召集幕僚问道："为今之计，当助袁氏呢，还是当助董氏呢？"

正直爽快的刘子惠立即回答道："如今兴兵为国，何谓袁、董！"

韩馥自知所言不当，不禁面有惭色。刘子惠见主公很觉难堪，连忙和缓语气进言道："兵者凶事，不可为首，可先注意其他州郡动静，再作定夺。"

韩馥很觉有理，决定暂时等待。很快，兖、豫等州在酸枣起兵的消息传来，到了这时，韩馥仍然迟疑不决。刘子惠无奈，只得把刘岱说今后将把韩馥作为国贼帮凶对待的信件拿出来，呈交韩馥一观。韩馥阅信后的第一反应是恐惧，马上写了一封表示歉意的书信驰送给袁绍，同时在信中历数董卓之罪，表示冀州亦将参加以袁绍为盟主的讨董联军，并热切盼望袁绍前来邺城，为冀州加盟而重新主持结盟誓师的仪式。其第二反应却是恼怒，恼怒刘子惠将冀州内部矛盾通报外人，致使自己处于千夫所指的境地。他立即下令处死刘子惠，幸好其他幕僚挺身相救，刘子惠才得免一死，但仍被罚做苦工以示惩戒。

袁绍恢复自由，大为兴奋，随即着手调集勃海郡内数千精兵，筹备粮草，直奔西南七百里外的冀州首府邺县。待他赶到邺县之时，已是当年二月的月底了。

此处需要特别说明的是，以上各州郡组成讨董联军的经过，均见于正史《三国志》《后汉书》等的确凿记载。但是，后来罗贯中的《三国演义》，将起兵的策动者写成曹操，说是由曹操向袁绍送去一通假传的诏书，也就是所谓"矫诏"，袁绍这才通报各州郡起兵声讨董卓，这是不明白真实情况的误说。另外，《三国演义》所罗列的各州郡起兵参加联盟成员名单，其中也有讹误，不足为据。

这段时间，京城洛阳之中局势大为混乱。得知关东（指函谷关以东）州郡纷纷起兵的消息，董卓相当震恐，因为他的部属大多出自凉州（主要地域在今甘肃省、宁夏回族自治区），凉州兵虽然剽悍，却素来畏惧关东劲旅。震恐之下，使得董卓进入半疯狂状态。二月三日癸酉，他下令毒死废帝刘辩。二月十七日丁亥，又下令移都长安以避关东联军的兵锋，上至皇帝百官，下至上百万百姓，全都被迫匆匆上路，史称"步骑驱蹙，更相蹈藉，饥饿寇掠，积尸盈路"，一片悲惨景象！接着，他又下令焚烧洛阳城中的皇宫、宗庙、官府、民居，发掘城郊的皇陵及公卿坟墓以掠取珍宝，弄得洛阳附近"二百里内，室屋荡尽，无复鸡犬"。一座富庶壮丽的皇皇京都，顿时变成悲惨世界！

消息传到邺县，袁绍正与韩馥在筹备结盟誓师的事宜。关东州郡在酸枣起兵后，一致推举袁绍为盟主。然而遗憾的是，当时袁绍受韩馥的管制，未能到场参加。如今自己才正式起兵，袁绍认为有必要再以盟主身份举行一次结盟誓师的仪式。新加盟的韩馥，也有同样的要求。于是，誓师讨董的场面，便在邺县再一次重演。

这邺县的县城，位于漳河南岸。誓师的坛场筑在城北的漳河之滨。为了与关东联军盟主的身份相配，袁绍又在勃海太守与司隶校尉的头衔之外，再给自己加上一个车骑将军的高级军职。誓师这一日，数以万计的兵马列队于坛场，袁绍偕加盟官员升坛就位，但见坛下旌旗蔽日，矛戟成林。袁绍强压心中的激动，从几案之上捧起一只盛有新割牛耳的珠盘，右手执牛耳，依次把那耳上流出的鲜血，涂抹在加盟者的嘴唇之上，这就是所谓的"歃血"。歃血既毕，袁绍放下盛有牛耳的珠盘，又从几案上另一珠盘中捧起盟誓文书，朗朗读道：

> 　　贼臣董卓，承汉室之微，负兵甲之众，陵越帝城，跨蹈王朝。幽鸩太后，戮杀弘农（指被废黜为弘农王的少帝刘辩）；提挈幼主，越迁秦地；残害朝臣，斩刈忠良；焚烧宫室，蒸乱宫人；发掘陵墓，虐及鬼神；过恶歜皇天，浊秽薰后土！神祇怨恫，无所凭恃；兆人泣血，无所控告。仁贤之士，痛心疾首；义士奋发，云兴雾合；咸欲奉辞伐罪，躬行天诛。凡我同盟之后，毕力致命，以伐凶丑，同奖王室，翼戴天子。有渝此盟，神明是殛，俾坠其师，无克祚国！

　　袁绍把这一篇历数董卓滔天罪状的盟誓文字，高声朗读得慷慨激昂，涕泗横流，在场者无不动容泣下。

　　誓师之后，袁绍立即统领兵马启程，前往西南四百里处的河内郡。在那里，他将与河内郡太守王匡的人马会合，从黄河的北岸，向南威胁洛阳。冀州牧韩馥则留驻邺城作为后援。其余的盟军，除孔伷屯于颍川郡、袁术屯于南阳郡外，刘岱、张邈、张超、桥瑁、袁遗等军，则屯聚于酸枣，从东面形成主攻洛阳的态势。弃官而归的鲍信与曹操，则由袁绍分别授以破虏将军、奋武将军的名号，两人的兵马也集中在酸枣。

袁绍在漳河誓师并进兵河内的情报，很快传到董卓耳中，董卓心想：你既然骂我"残害朝臣，斩刈忠良"，我今天就残害、斩刈给你看一看。当下他即派出一支特别行动队，把在京城洛阳的袁氏家属五十余人，上至在朝担任太傅的袁绍叔父袁隗、袁绍的生母，下至无知的婴儿等，全部逮捕诛杀，并丢进一个巨大的葬坑之中。

发泄了心中的怒火，董卓便将留守指挥部设在洛阳城郊的毕圭苑中，坐镇指挥抵抗关东联军的进攻。但是出乎他意料的是，声势浩大的关东联军两支主力，即酸枣军团和河内军团，一直停留在原地不动，并没有杀向洛阳与自己一决雌雄之意。

事情的玄机在哪里呢？

原来，联军各路兵马的长官，虽然在结盟誓师时表现得无比的忠义奋发和壮怀激烈，一旦要开上战场与"贼臣董卓"

去认真较量，却又个个畏畏缩缩观望不前了。人人都不愿意把自己的队伍拿去冒险，人人头脑中都是"私"字当先，就连盟主袁绍本人亦是如此。既然袁绍滞留在河内不进，酸枣诸军也就裹足不前。酸枣城中，诸位长官在干什么呢？天天都在喝酒吃肉举行宴会！史书的说法是"置酒高会，不图进取"。对此情况，作为盟主的袁绍毫不在意，但是有一个人却愤然提出了责难。此人非他，即是后来成了大气候，变为袁绍劲敌的曹操。

在关东联军当中，曹操这一支的力量在当时是比较弱小的，然而他却是结盟将领中最为有胆有识的一位。何以见得？请听他对各军花天酒地乐不思战的将领所说的一番话："举义兵以诛国贼，大兵已合，诸君何以如此迟疑？如果董卓凭借王室，固守洛京，东向以临天下，那倒不易对付。而今贼臣焚烧宫室，迫迁天子，海内震动，不知何归。此乃天亡董卓之时，奋力一战，天下就可定了呀！"

豪言壮语说完，曹操便自领本部五千人马离开酸枣西进，他要以实际行动，为诸军作出表率，即使战败也不后悔。陈留郡太守张邈很受感动，立即命令部将卫兹，率领数千人马随同曹操西进，为其助战。

可惜的是，曹、卫二人来到荥阳县境（今河南省荥阳市东北），与董卓的先锋徐荣相遇，激战之中，曹操本人及其坐骑均被流矢射伤，全军败散。曹操逃回酸枣，诸军将领大受震动，从此更是止足不前。

一晃数月过去，关东联军不仅没有取得什么值得一提的战绩，反而呈现出分崩离析的征象来。由于军粮耗尽，一些将领便带领部队径自回返各自的辖地。而留下来的将领中，有的矛盾不和，有的自相残杀，东郡太守桥瑁即死于兖州刺史刘岱之手。当初"毕力致命，以伐凶丑，同奖王室，翼戴天子"之类的誓言，早已被这些"义士"们忘到爪哇国去了。

他们的盟主袁绍也不例外。他现在正在打韩馥的主意，因为他想夺取人多地广而兵精粮足的冀州。这正是：

同仇敌忾成虚话，彼此残杀夺冀州。

要想知道袁绍将会使用何种方法夺取冀州，韩馥又将如何应对他的贴身逼抢，请看下文分解。

第七章

诈夺冀州

　　其实，在结盟讨董的诸位成员中，袁绍最先与之反目者，还并非韩馥，而是同他有将近十年交谊的老友张邈张孟卓。

　　袁绍起兵之后，曾以盟主身份召集众人会议，言谈之间颇有骄矜之色。张邈性情直爽，立即以故人兼同僚的身份批评袁绍。袁绍恼羞成怒，竟然在会后想动手杀死张邈，而且依然是改不了的老毛病，自己不动手，要让他人来为自己操刀。他指使谁去杀张邈呢？竟然是曹操。曹操是何等精明的角色，岂肯为人充当这种黑心的杀手？他马上严肃回答道：

"孟卓乃结盟之亲友，即便有言语不当之处，也应当宽容谅解。方今天下动乱激烈，岂可做这种自相危害之事啊！"

袁绍无言以对，只好作罢。从此，袁绍失去张邈这位忠实的朋友，而曹操却得到了张邈这位坚定的同志。明白了这一点，则曹操孤军西击董卓之时，唯有张邈分兵为其助战，便不难理解了。

袁绍连多年的老友都起了杀人之心，对于曾经严厉监管过自己的韩馥，当然更不在话下。

袁绍起兵之后同韩馥的关系，可以用一句话来归结，即似和而不和。

所谓"似和"，是说表面上看来相当和睦。使人产生这样的错觉是因为，袁、韩二人起兵之后，就一直共同致力于一件事，即拥立刘虞为皇帝。

刘虞，字伯安，乃徐州东海郡郯县（今山东省郯城市东南）人氏。他本是东汉皇族亲王的后裔，入仕之后逐渐迁升，在汉灵帝时出任幽州的州牧，当时幽州管辖的地域，主要在今北京市、河北省、辽宁省，范围相当广大。自从汉灵帝起，又开始授予外官以三公的兼职，刘虞亦以幽州牧兼了太尉的头衔。刘虞不仅官高，而且望重。在刘氏皇室成员当中，他是居官最廉洁，秉性最忠厚，政绩最优良的一位。袁绍与韩馥在邺城誓师举兵之后，两人有心出一点什么新主意，以弥补自己起兵时间较晚的不足，于是便想拥立刘虞为皇帝，从而与董卓所立的傀儡天子汉献帝相抗衡。主意最先出自袁绍，他自来就有争众人之先的习惯。当初他最先建计诛锄宦官，接下来最先策划反董讨董，现在又最先提出拥立刘虞为皇帝，他在这种争先之中，大概会获得极大的自我满足吧。至于韩馥，他在讨董联盟中，是一个只想动口而不想动手的"君子"，所以对这种既可以捞好处而又不冒风险的好事也异常热心。当下二人便代表结盟诸人，派出特使前往幽州，敦请刘虞早登大宝。殊不知刘虞忠心汉室，对皇帝的位置丝毫不感兴趣，所以坚决不接受袁、韩二人的建议，甚至还表示：诸君如若再逼迫我太甚，我将弃官北奔匈奴以断绝往来。至此，袁绍和韩馥也只好放弃初衷。事虽不成，外人从中却有可能得出袁、韩关系良好的印象来。

所谓"不和"，是说实际上并不和睦。何以见得？有以下二事可证。

一是韩馥曾经算计过袁绍。袁绍"歃血漳河"之后，即率本部兵马前往河内郡，与河内太守王匡合势。按照分工，韩馥留镇邺城，将为袁军提供粮草军资。袁绍治理的勃海郡本属冀州，袁军又是代表冀州出战，所以韩馥理应为袁绍提供充足的后勤支援。但是，韩馥深恐袁绍强大之后会威胁到自己的地位，所以一再克扣袁绍的军粮，意欲使袁军无粮自散。这一手也确实厉害，史称当时袁绍是"军无斗粮"，即连一斗粮食都没有，逼得来只能依靠采摘桑葚来充饥。若不是河内郡太守王匡略有接济，袁绍的兵马恐怕真的要做猢狲散了。

二是袁绍也曾经算计过韩馥。韩馥克扣军粮，袁绍大为恼火，必欲还以颜色。恰好此时韩馥手下有一员骁将名叫麹义者，因故与韩馥闹翻，举兵与之相抗。袁绍闻讯，心想你扣我的粮饷，我就支持你的叛将，于是暗中收编麹义为部属，怂恿其人进攻韩馥。麹义有了袁绍为靠山，更是放胆冲杀，打得韩馥一败再败。至此，袁绍才算出了胸中那一口恶气。

不过，虽说袁绍与韩馥彼此都曾暗中算计过对方，但是在共同起兵之后的一年之内，大体上双方还没有闹翻，还保持着同盟的关系，把进攻的矛头指向董卓。到了初平二年（191 年）二月之后，情况即发生大变化了。在这个月，袁术部下的大将孙坚，也就是后来称霸江东的孙策、孙权兄弟之父，先在洛阳正南一百里外的阳人聚（今河南省汝州市西北），击破董卓的骑兵，斩杀其悍将华雄；接着又在洛阳正南五十里处的大谷关（今河南省洛阳市东南），大破亲自出来迎战的董卓，董卓狼狈逃往洛阳以西二百里外的渑池县（今河南省渑池县西）；最后又在洛阳城下杀败董卓麾下第一员骁将吕布，三战三捷，进入京城洛阳。为了躲避孙坚的兵锋，此前一直在洛阳坚守的董卓，不得不退到关中的长安（今陕西省西安市西北）。至此，关东联军正面临着自举兵以来最为有利的军事局面。但是，曾经信誓旦旦要"奉辞伐罪，躬行天诛"的起兵诸将，不仅没有趁此大好机会合力西攻长安，却反而因前线形势的缓和而开始自相攻击。而作为盟主的袁绍，竟然带头搞内战，调集兵马东下，决心从韩馥手中夺取冀州。

就在孙坚与董卓进行浴血奋战以图光复帝都之时，袁绍手下的幕僚逢纪，即向袖手旁观的主公献计道："将军举大事而仰仗他人供给粮秣军资，非久远之计也。若不全据冀州，势难自保。"

袁绍何尝没有占据冀州的心思？不过他有顾虑，所以立即答道："冀州兵强粮足，我军力弱饥困，一旦攻之不利，则无容身之地了。"

逢纪早有主意，笑道："此州只可以智取，不可以力争。"

袁绍大感兴趣，急忙问道："何谓智取之法？"

逢纪缓缓答道："可遣一介使臣，前往幽州，劝说公孙瓒南下攻取冀州。公孙瓒必至，至而韩馥必恐。因其恐惧，再向他陈说祸福利害，劝其让位，则冀州可得也。"

　　袁绍一听，不禁击掌称善，于是立刻派出一位善于辞令的心腹幕僚，携带自己的亲笔书信并一批珍贵礼物，兼程赶往幽州。果不出逢纪所料，公孙瓒得信之后，很快点起麾下上万铁甲骑兵，跨过萧萧易水，杀入冀州北境。消息传到邺城，韩馥顿时惊惶不安。欲知韩馥何以如此，不可不先把公孙瓒其人略作介绍。

　　公孙瓒，字伯珪，乃幽州辽西郡令支县（今河北省迁安市西）人氏。其人姿貌俊美，声音洪亮，而且武勇胆略过人。他早年曾在儒学大师卢植的门下研习儒经，同时求学者尚有年龄稍小的刘备刘玄德。其后公孙瓒弃文从武，先后击破幽州多股武装势力及乌桓军队，以战功升任奋武将军，封为蓟县侯。公孙瓒的麾下有一万多人马，多为身经百战的铁甲骑兵，当时称为"幽州突骑"。突者，冲也，意谓其马上健儿最擅长冲锋陷阵。公孙瓒的侍卫数十人，全部都骑清一色纯白塞外名马，挽强弓，使长戟，勇不可当，致令乌桓将士皆相互告诫：对阵时千万要避开"白马将军"！东汉朝廷把公孙瓒的万余兵马，视为安定幽州边塞地区的支柱。而公孙瓒的大本营，则设在幽州右北平郡的治所土垠县（今河北省唐山市北），距冀州的北部边境不过四百里，距位于冀州南端的邺城则有一千五百里左右。

公孙瓒虽然驻军塞上边陲，却一直有意向中原染指。因此，袁绍约他共同瓜分冀州，他马上应邀南下，毫不客气。那韩馥深知这位白马将军的厉害，邺城尽管与土垠城远隔千里，驰骤如疾风的铁骑，最多十天即可抵达。强敌当前，韩馥岂能不忧心忡忡？无可奈何之中，他只得调遣人马北上，暂且抵挡一时。两军在安平县（今河北省安平县）相遇，一场激战，韩军大败亏输，狼狈南逃。

初秋七月，袁绍得知韩馥已派精锐主力北上抵御公孙瓒，邺城相对空虚，认为该是自己行动的时候了。他命令属下兵马撤出讨伐董卓的前哨据点——河内郡，调头向后方的物资供给地邺城进军。袁军在河内郡的治所怀县（今河南省武陟县西）登舟，沿沁水下行六十里入黄河，再由黄河顺流而下，行二百里到达清水入黄河的清水口（今河南省淇县南）。此处北距邺城只有二百余里，已经足以对韩馥构成南北夹击的强大压力。于是，袁绍下令在此停舟安营，开始实施其下一步行动计划。

行动计划由一批说客来进行。说客主要有五人，即高干、郭图、张导、辛评和荀谌。此五人都是韩馥素常亲而信之的部属或好友，但是，现今他们都被袁绍拉了过去。其中的高干，还是袁绍的外甥。

五人展开车轮大战，轮流向韩馥进言，劝其让出冀州牧的官位。既然被选来当说客，自然个个能言善辩，巧舌如簧。不过其中最能打动人心的劝说，则出自荀谌的口中。他见了韩馥，先使用古代说客的常用杀手锏，就是故作危言以震撼之，说道："公孙瓒乘胜南下，冀州属下郡县纷纷响应。袁将军今又引兵东向邺城，其意不可预测，窃为将军担忧不已啊！"

韩馥正为自己腹背受敌而惶恐不安，马上向荀谌求教道："为今之计如何？"

荀谌见韩馥果然上钩，心中暗喜。但是，他并不急于露底，他还要再作一点铺垫，这也是古代说客的惯技，于是反问韩馥道："将军自料在宽仁容众、为天下人所归附的方面，是否比得上袁绍将军？"

韩馥老老实实回答道："当然不如。"

荀谌再问："将军自料在临危果决、智勇兼备方面，又是否比得上袁将军？"

韩馥依然答道："当然不如。"

荀谌三问："将军自料在先世的布恩树德，令天下人皆受其惠方面，又是否比得上袁将军？"

韩馥三答："当然不如。"

荀谌见韩馥额头上已渗出细汗，知道火候到了，便一气说道："袁将军所在的勃海郡，人多地广，其强大实力不亚于一个州。如今将军以三不如对方之劣势，久处对方之上，袁将军乃一时英杰，必不愿长久居下以事将军。而公孙瓒提燕、代劲卒，长驱南下，其势不可当。设若两军并力合攻，兵临城下，危亡立即就在眼前！袁将军与您有旧交之谊，且又均为同盟，故而为今之计，不如把冀州让给袁将军，袁将军必将厚待您。这样一来，又何惧公孙瓒之铁骑呀！将军既得让贤之高名，自身又安如泰山，岂不两全其美？希望您切莫迟疑啊！"

生性胆小怕死的韩馥，在这时首先顾虑的正是身家性命问题，所以对荀谌的建议极表赞同，并立即着手准备让位事宜。消息传出，其心腹幕僚耿武、闵纯、李历、沮授等人，都不约而同前来劝阻，众人说道："冀州可以征调来当兵的男丁超过百万，库存粮食足以支持十年。袁绍兵少粮乏，仰我鼻息，犹如婴儿在我股掌之上，绝其哺乳，立可饿杀！怎么能把如此坚固的基业拱手让人呢？"

韩馥这时全然不似当初克扣他人军饷时的小气模样，表现得颇有君子风度，他说："我本袁家故吏（即老部下），而且才能不及袁本初。度德而让，古人所贵，诸君又何必如此计较嘛！"

主办文书的幕僚劝阻无效，主持军队的部将又来进献忠言。当时韩馥手下有两名大将，叫作赵浮、程奂，都有上万名精兵，每兵配一张威力强大的强弩，屯驻在河内郡的河阳县（今河南省孟州市西）一带。河阳在袁绍此前驻扎的怀县以西约一百五十里。袁绍离开怀县，不西向洛阳而反东向冀州，立刻引起赵、程二将的怀疑。不久，二人又得到韩馥将要让出冀州的消息，不禁大为震惊，立即统领全军将士，乘舟沿黄河东下，赶回邺城。这一日，船队来在清水口袁绍大营之下。赵、程二将传令属下数百艘战船整队击鼓，威风凛凛，杀气腾腾，傲然从袁军眼前驶过。正把全部希望寄托在几位说客之口的袁绍，见此情景顿时黯然无语。

赵浮和程奂回到邺城，未及卸去戎装，便面见韩馥进言道："袁本初军无斗粮，已呈离散之势。末将请以本部万余人拒之，旬月之间即可大获全胜。明将军只需安枕高卧，何忧袁氏！何惧袁氏！"

韩馥心想：你们赢得了袁本初，也未必赢得了公孙瓒，万一交兵失败，我就只有死路一条，冒险之事绝对干不得。因此，任随赵、程二将说得慷慨激昂，他始终不为所动。

　　数日之后，韩馥全家从冀州的州牧府邸中迁出。同时，韩馥派遣自己的儿子前往清水口，给袁绍送去冀州牧的官印、绶带和自己让位的书信。韩馥的部下见事情已无可挽回，纷纷离开邺城前往清水口迎接新主人去了。

　　七月将尽，桂子含苞。车骑将军袁绍，强抑住满怀兴奋和喜悦，在新旧部属的簇拥之下，前往邺城接管冀州。这是他从政以来所取得的最大一次成功。凭着冀州广阔的地盘和强大的力量，他将很快成为逐鹿群雄之中的头号选手。但是在眼前，他还必须为稳定冀州的局势而努力一番。

　　首要的急务，是要尽量延揽本州的士大夫，使他们改换门庭，效忠新主。冀州的老百姓，对于州牧是姓韩还是姓袁，一般是不大关心的。而本州的士大夫集团则不然，他们对于州牧的更换非常敏感，因为他们吃的是政治饭，谁主州政对他们的前途影响极大。而自东汉以来，地方大族的势力急剧膨胀，州郡地方的士大夫集团，其主要的成分即是出身世家大族的名士。地方行政长官若想在本州本郡站稳脚跟，非得要同当地的士大夫集团搞好关系不可。而要搞好关系，最重要的一点，是在政治上给予优待，与之分享利益。袁绍本人就出自世家大族，对此岂有不知？因此，他在接管冀州之后的第一件事，即以求贤若渴的姿态，礼聘知名人物充任要职，而且特别注意争取那些在韩馥手下一直不得志者。此外，对于从其他地方流寓到冀州的名流，他也一概延揽到府中。这些新幕僚或新宾客，加上他原有的老部下，组成了强大的参谋和行政班底。荀彧、郭嘉、崔琰、沮授、审配、田丰、陈琳、许攸、逢纪、荀谌、辛评、郭图，单是看这一串名字亦可想象其人才济济的盛况了。

但是，袁绍虽然一心效法周公吐哺下士之风，对于延揽到手的人才却不能够甄别优劣并量才使用。结果，其中最最优秀的两位谋士，即荀彧和郭嘉，很快便感到才略难以充分发挥的失望，先后离开了袁绍而投奔了曹操，后来成为曹操手下最为得力的智囊和助手。此是后话。

安顿好士大夫之后，袁绍对于冀州的老百姓也没有忘记施以恩德。他在冀州实行轻徭薄赋的宽惠政策，使得在赋役重压之下苦苦挣扎的民众，好不容易得到一个喘息的机会。史称"绍为政宽，百姓德之"，以至于后来袁绍病死时，"河北士女莫不伤怨，市巷挥泪，如或丧亲"。这些记载虽有夸饰的成分，但大体上是实情。

对士大夫，对老百姓，袁绍都能以宽惠为先，唯独对送他偌大一州之地的韩馥，他反而使用了非常刻薄的手段。袁绍得到冀州之后，给了韩馥一个奋威将军的空头衔，手下未配一兵一卒。韩馥也很知足，老老实实在邺城闲居，并未惹是生非。既然韩馥表现甚佳，你袁绍就让他安安心心了此残生算了罢。但是袁绍不愿意，他怕冀州局势有反复，所以有心把韩馥逐出冀州。逐，当然不能由自己直接出面来逐，不然会有舆论抨击。想来想去，他又想出一条绝计，让出冀州要使你韩馥自己让出，离开冀州也要使你韩馥自己离开。主意打定，不久他就任命一个名叫朱汉的河内人，来出任都官从事一职。

这都官从事，乃是司隶校尉的下属，其职责是专门举报处置违法官员。袁绍此时自称的官衔，是车骑将军兼任司隶校尉和冀州牧。司隶校尉既是其第一兼职，所以他可以任命朱汉为都官从事，只不过现时朱汉不可能纠举京城洛阳的百官，而只能纠举邺城的官员而已。

朱汉其人，是一个极会见风使舵巴结上司的马屁精角色。袁绍也正是知道其德性，才起用他出任都官从事的。朱汉一上任，就一心想立奇功以报效主子，从而再加官晋级。他把纠举的矛头直指在家闲居的韩馥，借事发兵包围韩宅，把韩馥那位捧着官印送给袁绍的大公子，连双脚都被无情打断，直吓得韩馥魂飞魄散。

袁绍得报，心中大喜，但脸上表现出来的则是怒气冲天。

他以擅自打击无辜的罪名，立即处死那个狂拍自己马屁的朱汉，并遣人安慰韩馥全家。韩馥受此惊吓，再也不敢留居冀州，便请求到兖州陈留郡去投靠张邈。袁绍假意挽留一番，暗中却又令人催促韩馥赶快离境。不久，韩馥带领家小悄然永别冀州，至此，袁绍的一块心病才算彻底去除了。

安定了冀州，逐走了韩馥，袁绍松了一口大气，心中不禁得意非凡。这时，谋士沮授又给他进献了一个发展事业的宏伟计划，沮授说：

横大河之北，合四州之地，收英雄之才，拥百万之众，迎大驾于西京，复宗庙于洛邑，号令天下。

计划是说，第一步占领黄河以北的冀、青、幽、并四个州，第二步招揽英雄人才，拥有上百万人口，第三步从西面长安迎接汉献帝回转洛阳，然后号令天下。

袁绍自来好大喜功，这一宏伟计划自然深合他意，于是雄心勃勃准备付诸实施。不料河北四州尚未取得，他脚下的根据地冀州，先倒发生了危机。因为此时从冀州北部不断传来紧急的情报，说是往日的同谋者公孙瓒突然反目，已经指挥大军杀往邺城！这正是：

夺得冀州心不足，不防劲敌出幽州。

要想知道公孙瓒为何会与袁绍翻脸，袁绍又将如何应对公孙瓒的大举南下进攻，请看下文分解。

第八章

界桥大战

　　自从董卓带上小皇帝西上长安之后，关东各州郡的起兵将领，即开始自相攻伐，割据称雄。大大小小的军阀，乘时而起，激烈争夺，形成群雄割据的历史大形势。魏文帝曹丕在其《典论·自叙》一文中，描述当时自己的亲身经历时，有一段非常著名的文字，他说：

　　　　名豪大侠，富室强族，飘扬云会，万里相
　　赴。……而山东（即崤山以东，与关东同义）大

> 者连郡国，中者婴城邑，小者聚阡陌，以还相
> 吞灭。

由此可见，逐鹿群雄为了壮大自己，克制他人，又争相施展纵横捭阖的手段，今日联甲攻乙，明日又联乙攻甲，态度立场变化之快，令人瞠目结舌。公孙瓒与袁绍的反目相攻，即是其中突出的事例之一。

当初袁绍邀约公孙瓒南下共同攻取冀州，公孙瓒不知道袁绍是要把自己当作捞取私利的工具，还以为是共同建立功业的战略联盟，故而欣然赴约。出兵不久，忽然传来袁绍逼取韩馥之位而代之的消息，他顿时知道自己是被他人利用了一番，不禁又气又恼。恰好在这时又发生了一件意外之事，促使公孙瓒与袁绍宣布决裂。

原来，公孙瓒为了广交朋友，曾积极拉拢驻兵在南阳郡（治所在今河南省南阳市）的后将军袁术。他派遣自己的胞弟公孙越，率领一千幽州铁骑前往南阳，在袁术帐下效力。殊不知公孙越一去，不久便断送了性命。

袁术麾下骁将孙坚在洛阳一带大战董卓之际，袁绍不去帮助孙坚攻打自己声讨的"国贼"董卓，反而乘虚派将军周昂，偷偷占领了孙坚的大本营阳城县（今河南省登封市东

南）。袁术得知其兄竟然耍出如此无聊的手段，真是气得七窍生烟，他立刻派遣公孙越率领幽州铁骑前往阳城，协助孙坚收复失地。那周昂手下的弓弩手相当厉害，一见骑兵如潮水涌来，毫不畏惧，对准冲在前面的人马连放利箭，当场就把公孙越射落马下而亡。消息传到公孙瓒那里，他不禁捶胸大哭，骂道："我弟之死，祸起袁绍，此仇不报，有何面目镇守幽州！"

当下公孙瓒便传令全军拔营南下，杀向冀州，要向袁绍讨还血债。大军行至冀州境内勃海郡南端的磐河（今山东省宁津县南），刚刚坐上冀州牧位置不久的袁绍就有点发慌了。

公孙瓒要来拼命，怎么办？想来想去，袁绍总觉得眼下绝对不能同对方大动干戈。原因很简单，自己在冀州的根基还不巩固，所谓攘外必先安内，脚都未曾站稳，焉能动手打人？目前的策略，是要尽量把决战的时刻向后推延，以赢得时间来安定内部，能够推延一天，就多一分胜利的可能。抱着这样的想法，袁绍遂使出一条缓兵之计。

公孙瓒有一个堂弟，名叫公孙范，此时在袁绍麾下为将。这一日，袁绍把公孙范召入府中，和颜悦色说道："勃海郡太守一职，长期由我兼任。今以此职授君，望君好自为之。"他想以此来减轻公孙瓒的怒气，使其推进的速度放慢下来。

公孙范一听颇感意外，这勃海郡的地广人多，乃是主公的起家根本所在，他一直舍不得放手，怎么今天肯给予我来管辖？想必是要借此消弭堂兄南下的兵锋吧。他也不客气，立刻接过郡太守的印绶，径往勃海郡的首府南皮县（今河北省南皮县北）上任去了。

袁绍精心设计的缓兵之计，不但没有产生预期的作用，反倒产生了相反的效果。因为那公孙范一到南皮，便统领勃海郡的军队倒戈，公开宣布支持公孙瓒讨伐袁绍。袁绍到这时才知道，人家公孙氏一族的人毕竟要更亲近一点，可惜已经晚了。

两公孙合兵一处，正要杀往邺城，突然从东面的青州（主要地域在今山东省）奔来一大批黄巾军，挡住了他们的去路。自从中平元年（184年）黄巾起事以来，七年之间，黄巾军的活动范围遍及全国。而其势力最盛的地区，则是关东濒临东海的青州和徐州（主要地域在今山东、江苏省）。此次从青州奔来的黄巾军，连同其家属，人数多达三十万。他们的目的，是想前往西面的冀州（主要地域在今河北省），与当地的黑山军合势。这黑山军同黄巾军一样，都是举兵反抗东汉皇朝残酷压榨的农民。由于他们的根据地是冀州境内西南部黑山一带的山谷之中，故而以

"黑山"为名号。黑山军有数十支分队,总共人数超过百万之众。如果青州黄巾军与冀州黑山军会合,二公孙又合兵南下,处于两大武装力量的夹攻之下,袁绍这位刚上台的冀州牧,只有卷起被盖走路的份了。也是袁绍气数未尽,黄巾刚从青州进入勃海郡的南部,就遇到了二公孙的联军。二公孙所统的是官军,黄巾则是反政府的民军,既已遭遇,少不了有一番激烈厮杀。这样一来,袁绍得到了宝贵的喘息机会,与之作对的黑山军则失去一支强大的助力,袁绍就此便绝处逢生了。

这年冬天,公孙瓒与公孙范在勃海郡东光县(今河北省东光县东)以南,同青州黄巾军展开激战。结果,公孙一方大胜,掠得对方人口七万余众,车辆、甲胄、武器、粮食等难以数计。顿时,公孙瓒实力大增,"威名大震"。

有了雄厚的资本,公孙瓒再回过头来找袁绍报仇。他在东光县境内略事休息之后,便点起麾下数万大军,径向邺城杀来。大军进至邺城东北二百余里的界桥(今河北省威县东),公孙瓒传令下寨安营。此处是冀州境内清河、巨鹿、魏这三郡的交界地,再往南,即进入邺城所在的魏郡郡界了。

公孙瓒屯兵界桥,在未大动干戈之前先动笔墨。他命手下幕僚中善于文辞者，草成表章一道，派人前往许都呈送朝廷，同时宣示天下。其文写得酣畅淋漓，不可不读，其辞曰：

> 臣闻皇羲以来，始有君臣上下之事，张化以导民，刑罚以禁暴。今行车骑将军袁绍，托其先轨，寇窃人爵，既性暴乱，厥行淫秽。

这一段是序言，表明自己针对的对象是罪恶的袁绍，下面将要列举其十大罪状。

> 昔为司隶校尉，会值国家丧祸之际，太后承摄，何氏辅政，绍专为邪媚，不能举直，至令丁原焚烧盂津，招来董卓，造为乱根，绍罪一也。

第一条罪状，是其在担任司隶校尉时，招引董卓进京，造成国家政局大乱的根源。

> 卓既入洛而主见质，绍不能权谲以济君父，而弃置节传，迸窜逃亡，忝辱爵命，背上不忠，绍罪二也。

第二条罪状，是在董卓进京挟持皇上时，不能尽忠职守，保护皇上，却擅离职守，丢下节杖，逃亡出京。

> 绍为勃海太守，默选戎马，当攻董卓，不告
> 父兄，至使太傅门户，太仆母子，一旦而毙，不
> 仁不孝，绍罪三也。

第三条罪状，是在担任勃海太守后，没有预先告知在京城洛阳的父兄，就先行起兵声讨董卓，造成父兄等诸多亲属惨遭董卓毒杀，不仁不孝。

> 绍既兴兵，涉历二年，不恤国难，广自封殖，
> 乃多以资粮专为不急，割剥富室，收考责钱，百
> 姓吁嗟，莫不痛怨，绍罪四也。

第四条罪状，是在兴兵讨伐董卓后，盘剥民众，搜刮钱财粮食，造成民众的极度痛苦和无比怨恨。

> 韩馥之迫，窃其虚位，矫命诏恩，刻金印玉
> 玺，每下文书，皂囊施检，文曰"诏书一封，郦

乡侯印"。昔新室之乱，渐以即真，今绍所施，拟

而方之，绍罪五也。

第五条罪状，是逼迫韩馥，夺取其冀州牧的位置，还公然制
作了皇帝才能使用的金印玉玺，在下达公务文书时，也使用
了皇帝专用的"诏书"一词，可见其怀有不臣之心。

绍令崔巨业候视星日，财货赂遗，与共饮食，

克期会合，攻钞郡县，此岂大臣所当宜为？绍罪

六也。

第六条罪状，是暗中收买善于观察天象的术士崔巨业，算定
吉利的日期，以便出兵攻掠周边的郡县，完全不遵守大臣的
行为规范。

绍与故虎牙都尉刘勋首共造兵，勋仍有效，

又降伏张杨，而以小忿枉害于勋，信用谗慝，杀

害有功，绍罪七也。

第七条罪状，是听信谗言，残忍杀害忠于朝廷屡建功勋的虎

牙都尉刘勋。

　　绍又上故上谷太守高焉、故甘陵相姚贡，横

　　责其钱，钱不毕备，二人并命，绍罪八也。

第八条罪状，是对已经离职在家的上谷郡太守高焉、甘陵侯
相姚贡，无端要求二人交纳大量钱财，二人达不到数量要求，
竟然都被夺走了生命。

　　《春秋》之义，子以母贵。绍母亲为婢使，绍

　　实微贱，不可以为人后，以义不宜，乃据丰隆之

　　重任，忝污王爵，损辱袁宗，绍罪九也。

第九条罪状，是其生母属于卑贱的婢女，按照儒家经典《春
秋》的义理，儿子身份的贵贱是由生母身份的贵贱来决定的，
所以袁绍本人也是卑贱奴隶，不能充当其父亲的嫡系继承人。
而他却厚颜无耻，竟然接受朝廷的重任和爵位，给袁氏家族
带来了损害和侮辱。

　　又长沙太守孙坚，前领豫州刺史，驱走董卓，

> 扫除陵庙，其功莫大；绍令周昂盗居其位，断绝
>
> 坚粮，令不得入，使卓不被诛，绍罪十也。

第十条罪状，是长沙郡太守孙坚，此前兼任豫州刺史时，曾经打败董卓，修复打扫皇家的宗庙，功劳无比巨大，而袁绍却另外委派周昂取代了孙坚的职务，还断绝了孙坚的粮食供应，使得孙坚无法继续深入进攻，董卓得以逃脱性命。

> 臣又每得后将军袁术书，云绍非术类也。绍
>
> 之罪戾，虽南山之竹不能载。昔姬周政弱，王道
>
> 陵迟，天子迁都，诸侯背叛，于是齐桓立柯亭之
>
> 盟，晋文为践土之会，伐荆楚以致菁茅，诛曹卫
>
> 以彰无礼。臣虽阘茸，名非先贤，蒙被朝恩，当
>
> 此重任，职在铁钺，奉辞伐罪，辄与诸将、州郡
>
> 兵讨绍等。若事克捷，罪人斯得，庶续桓、文忠
>
> 诚之效。攻战形状，前后续上。

末尾这一段，公孙瓒表示了自己坚决消灭袁绍的决心。

这一通表章，洋洋洒洒，历数袁绍十大罪状，不仅斥之为不忠不孝不仁不义的最大恶人，而且还根据袁术提供的情

况，把袁绍生母乃是低贱的丫鬟婢女这样的老底都揭了出来，确实有点厉害。

在此须得略作解释，袁绍与袁术何以会反目成仇的深层次原因。

这一对同父异母兄弟，在成年之前因袁绍出继而分居两家，接触不多，故而关系不恶。自从袁绍服丧六年移居洛阳之后，两兄弟同在京城的政治舞台上演出，效果自然就有比较，一比较自然有高下优劣之分，出现了高下优劣，矛盾便随之产生了。二袁都以名家公子身份疏财纳士，然而名士却多趋袁绍之门。例如，党人的中坚何颙，就只与袁绍来往，使得有心结交何颙的袁术很是失望。关东州郡起兵声讨董卓，众人皆推袁绍为盟主，这又使袁术的自尊心大受挫伤。袁绍起兵之后，首先建议立刘虞为帝，袁术当时既对其兄不满，而且又多少怀有"皇帝轮流做，明年到我家"的心思，所以坚决反对此议。至此，二人的关系明显恶化。所以不久之后，袁绍即派周昂偷袭袁术部将孙坚的根据地，袁术也以牙还牙，遣使与起兵进攻袁绍的公孙瓒结好，并在信中一再说袁绍生母出身卑贱，袁绍本人不过是袁氏的"家奴"而已，哪里有资格充当袁家之子。于是，二人关系完全破裂。

公孙瓒兵临界桥的消息，连同其声讨表章一道，迅速传遍冀州全境。冀州下属郡县，纷纷宣布反对袁绍，投靠公孙。乘此时机，公孙瓒也就当仁不让，任命了一大批冀州辖境之内的郡县长官。同时，还以部将严纲为冀州刺史，田楷为青州刺史，单经为兖州刺史，意思非常明白，就是要在占领冀州之后，还要夺取青、兖州，独霸黄河南北。后来开创蜀汉基业的刘备，此时此刻，就正在师兄公孙瓒的手下效力。冀州常山郡（治所在今河北省元氏县西北）宣布脱离袁绍之后，即派兵前往公孙瓒处助战，而领队的军官不是他人，正是后来威名赫赫的蜀汉虎将赵云赵子龙。从此，赵云与刘备相识，并在不久之后成为刘备的部将。

公孙瓒誓要决一雌雄，袁绍当然只好全力应战。调遣兵将，征集物资，赶造军器，邺城内外一片紧张气氛。袁绍的策略，是主动前往界桥进攻，而不在邺城一线固守待敌，这样万一失利，也还有逃奔黄河以南的可能。在出动大军之前，袁绍先派使者联络了一远一近两个盟友，以张声势。远的盟友，是荆州（主要地域在今湖北、湖南、河南省）的州牧刘表；近的盟友，则是新任兖州东郡（治所在今河南省濮阳县）的郡太守曹操。

自从关东州郡起兵反董以来，袁绍与曹操这一对老朋友，关系一直非常亲密。特别是袁绍，对曹操多有帮助和照顾。曹操得以出任东郡太守，即全靠袁绍的保荐。曹操虽然对袁绍其人有看法，但是考虑到自身力量较弱，暂时还需借重袁绍之势以求发展，故而也同袁绍保持亲善。这种良好关系此后还将持续四五年，一旦曹操羽翼丰满足以自立，两人便会成为势不两立的死对头，这是后话。

曹操得到袁绍的书信，随即出兵北上，把企图从东面进逼邺城的公孙瓒部将刘备、单经和陶谦等击退。侧面的威胁既已解除，袁绍立即亲率数万大军，取道东北，直奔二百里外的界桥。

初平三年（192 年）春，两军在界桥以南二十里处的平川之上展开决战。这是自董卓之乱发生以来，关东起兵将领之间所进行的第一次大内战，双方投入的兵力共达十万之众。这一日，风和日暖，天朗气清，原野上一片野花开放。双方将士精神振奋，斗志昂扬，都想在此建功勋，取富贵，一显英雄本事。

公孙瓒的大军居于北面。他以步兵三万五千人列成方阵，作为进攻队形的主体。在方阵的左右两翼，各有五千余名铁甲骑兵，作为冲陷敌阵的突击力量。公孙瓒本人跨白色骏马，率领三千骑清一色白马的直属卫队，在方阵之前指挥全军。史称其军"旌旗铠甲，光照天地"，浩大气势，令人震慑不已。

袁绍的大军居于南面。他的五万人马主要由步兵组成，骑兵力量远不能与对方匹敌。在冷兵器时代，驰骋如风的骑兵，当属威力最大的兵种，所以骑兵力量的强弱，往往决定着战争的胜负。但是，这一次袁绍很有运气，因为他得到了一员在对付敌方骑兵上极富经验的骁将作先锋，此人非他，即是当初与韩馥闹翻，而后又被袁绍拉拢到手下的麴义。

这麴义曾长期在西北的凉州从军，故而从凉州善战的羌族人那里学到了一手对付骑兵的绝招。羌人善用短刀杀敌，又善用盾牌保护自身。凡遇骑兵，他们毫不退让，先蜷伏在地，用坚固的盾牌在身前保护，待得敌骑来到近前，号令声响起，突然一同起身，一手举盾牌挡住马上敌人的剑戟，另一手则执利刀，眼睛根本不往上看，只朝下方专砍对方下三路的马腿脚。对方的马腿脚一挨刀，立刻狂跳不止，背上的骑兵就摔下马来，刀手再上前补一刀，就结果了骑手的性命。以此克敌，无不制胜。实际上这一战术，就是后来南宋名将岳飞，对付金兀术拐子马的秘诀良方。

袁绍把一切希望都寄托在麴义身上，他命麴义率领麾下八百擅长此战法的勇士为先锋。在其后面，则是一千名熟练的强弩手，他们的任务是专门对付侥幸逃脱八百短刀手利刃砍腿脚危险而继续前冲的敌骑。强弩手之后，便是袁绍亲自统领的四万多步兵方阵。

布阵既毕，袁绍军中鼓声大作，动地惊天。数万人马整队前进，径直逼近公孙瓒军。那公孙瓒见袁绍的前锋不过是数百人的步兵，便起了欺负之意。他把令旗一挥，其左右翼的骑兵顿时如潮水一般向中央会合，并朝敌人的前锋涌去。公孙瓒此时心中升起豪情万丈，心想我的一万铁骑不用动干戈，光是用马蹄也要把你袁绍的先锋队踏成肉酱！公孙瓒曾以这种铁骑集体冲锋战术，横行河北无敌手，所以豪情升腾自属当然。但是，他的乐观情绪很快就消失无余，因为他突然发现自己的骑兵队伍乱了！

麴义果然不愧为一员骁将，面对如潮水涌来的骑兵，他脸不变色心不急跳。待敌骑前锋距自己只有一里许时，他举刀示意，其身后的八百勇士立时停止前进，并散开占据有利地形。待敌骑距离仅半里不到时，他又挥动利刀，其部属立刻全部蜷伏于自己坚固盾牌之下，屏息不动。与此同时，那一千名强弩手也搭好弩箭，严阵以待。说时迟，那时快，麴义见敌骑已来在身前二三十步，一声怒吼，登时持刀站起。吼声未落，那八百名健儿同时发出震耳的喊杀声，一齐站起身来。八百张以鲜艳颜色涂饰的盾牌突然闪动，先就使那些从未见过这种场面的塞外骏马吃惊不小。就在群马扬蹄长嘶而不前之际，八百快刀手已经抢上前去动手了。只见一片寒光起处，第一排的马匹都痛得乱蹦乱跳起来。在后面催马向前冲锋的骑兵，根本没有想到前面会突然出现障碍，一时收不住飞驰如风的坐骑，纷纷被绊倒在地。这种情况一旦发生，骑兵越多则情况越严重，优势反而变成了劣势。前面的短刀手如同旋风一般砍马腿脚，砍人头颅，后面那一千名强弩手见敌军阵形已乱，立刻把一阵又一阵箭雨倾注到敌军的人与马身上，每发必中，所中必倒。数以万计的密集人群一旦出现混乱，再要恢复秩序势不可能，何况还处于对方的猛烈攻击之下！于是，公孙瓒军的队形全线崩溃，不论是骑兵还是步兵全都四散奔逃。袁绍见前锋得手，急令后面的步兵向前掩杀，当场杀死公孙瓒所委任的冀州刺史严纲及铁甲骑兵上千人。公孙瓒则在白马卫队的保护之下，向北退走。正杀得性起的麹义，急欲擒杀敌军主将以立奇功，立即率领手下壮士，飞身登上敌军丢弃的战马，紧紧追赶上去。

麹义一气穷追二十里，来到界桥。在殿后卫队的掩护之下，公孙瓒并未驰回桥北的大本营，而是继续向北面的幽州方向退去。远处的麹义看不真切，还以为公孙瓒回到了大营，他大吼数声，径向敌军营门冲击。守营的少量余兵，见其来势凶猛，略作抵挡便四散奔逃。麴义冲入营门，直奔中军大帐。当时行军，在中军主帅帐前必立一竿大军旗，这称之为"牙门大旗"，简称作"牙门"。牙门大旗被认为是全军精气所在，若有损折，必招破败。麴义来到帐前，一阵乱刀先把大旗砍落，然后杀入帐内寻找公孙瓒。他率领麾下八百健儿在大营中左冲右突，如入无人之境，却始终不见公孙瓒的踪影。眼看丽日偏西，麴义无奈，只得收兵回转本营。

北面的公孙瓒侥幸逃生，南面的袁绍虽然得胜，却差一点被人活捉生擒了去。这是为何呢？

原来，袁绍在后面督军冲杀近两个时辰，见敌军已全线溃败，而自己亦疲惫不堪，便下令左右暂时休息进食。此时，在其身边只有卫队近二百人，即数十名强弩手，再加百余名长戟手。下马去鞍之后，袁绍正要进食，忽然从北面驰来两千多公孙瓒手下的逃散骑兵。这批骑兵并不知道解鞍休息的人中有袁绍，只是欺负对方人少，便呈圆形阵势将其包围，发箭攻击。随从袁绍左右的幕僚田丰，眼见情况危急，忙令侍从把袁绍扶入旁边一段残垣断壁的后面去躲避，同时布置强弩手发箭还击。此时的袁绍突然表现出视死如归的男儿气概，他把头上戴的防护头盔，也就是所谓的"兜鍪"，摘下后狠狠摔在地上，愤然叫道："大丈夫当向前战死，而今躲入墙后，难道就能求生了么！"

田丰任他叫喊，就是不放他出墙去"向前战死"。此时，强弩手已经射杀多人，敌骑攻势稍减。但是，强弩手们所带的弓箭已经所余无多，眼看就有束手就擒的危险，恰好麹义的人马赶到了。一阵冲杀过后，敌骑仓皇退去。

袁绍处境转危为安，即与麹义等回返自己的大营。这一场以步兵迎战骑兵的激战，终以步兵获得全胜而结束，这是三国时期军事史上少有的典型战例。

袁绍此战击败公孙瓒之后，才算真正在冀州站定了脚跟。他随即派人前往兖州，接回一直寄居在兖州刺史刘岱处的妻室儿女。当年冬天，袁绍又起兵进攻公孙瓒于勃海郡，再次获胜。公孙瓒元气大伤，只得退守幽州。至此，袁绍终于第一次成功控制了冀州全境。

接着，袁绍又出兵扫荡东面青州的公孙瓒余部，双方反复争夺，直杀得青州地界上路断人稀，"野无青草"。公孙瓒余部渐渐不支，恰逢此时汉献帝派出特使前来调解袁、公孙二家纠纷，公孙瓒趁机体面让步，与袁绍修书议和后，从青州收回余部。于是，袁绍任命长子袁谭为青州刺史，占领了青州。

冀、青二州在手，黄河以北四州之地即已拿到了一半，袁绍自是得意不已。初平四年（193年）春三月，袁绍自勃海郡引军南归邺城，一路欣赏川原春色，心情是少有的轻松和惬意。不料行至中途，忽然得到了一个令他震惊不已的坏消息：后方大本营邺城被人占领了！这正是：

前方击退公孙日，身后城池失守时。

要想知道袁绍的后方大本营为何会失守，他又将如何重整旗鼓，夺回邺城，请看下文分解。

第九章

邺城生变

　　话说初平四年（193 年）三月暮春，袁绍率领大军凯旋南归。初五日丁巳，兵马来到经县境内漳河之上的薄落津（今河北省巨鹿县东），袁绍传令下寨安营，他要在此欢乐一番。

　　原来，在中国古代，流行着一种暮春三月洗浴于东流清水之上的风俗，叫作"祓禊"，又称之为"大絜"。儒家经典《论语》的《先进篇》有云：

　　暮春者，春服既成，冠者五六人，童子六七

人，浴乎沂，风乎舞雩，咏而归。

　　这种孔子所向往不已的游春浴水活动，即是祓禊的早期萌芽。到了东汉，人们都认为，祓禊可以去除身上所积存的旧年污垢和疾病因素，所以此风极盛，特别是洛阳。有人描述当时京城洛阳在暮春时节，满城士女倾城出游伊、洛二水之滨的情景说：

　　　王侯公主，暨乎富商，用事伊、洛，惟幔玄黄。于是旨酒佳肴，方丈盈前，浮枣绛水，酹酒酿川。

　　浮在河面上的红枣，把水都映成了绛红色；举杯浇地进行祭祀的酹酒，会聚起来成了小川流。这是多么热闹的场景！不过，就祓禊的时间而言，两汉时期通常在三月上旬的第一个巳日，即所谓的"上巳"；自从曹魏之后，则多在三月初三日，而且发展成为曲水流觞欢聚畅饮的娱乐活动，最为后人熟知者即是书圣王羲之等人的兰亭雅集了。袁绍到达薄落津时，正逢三月初五日丁巳，即三月上巳佳节，而薄落津，乃是当时漳河下游一处著名的津渡。盈盈春水，缓缓北流，岸芷汀兰，郁郁青青，所以他雅兴大发，要在此处与幕僚部将们欢饮一场。

古人们聚会欢饮，讲究的是"四美俱，二难并"。所谓"四美"，即良辰、美景、赏心（愉悦之心境）、乐事（值得高兴之事情）。所谓"二难"，即贤主、嘉宾。如果四美齐备，二难并有，那么这场欢饮便会令人毕生难忘。袁绍大宴薄落津，正是他大破公孙瓒夺得冀州全境及青州之后的事。他本人素有孟尝君好客之风，其下属亦不乏风流名士，所以此番欢会，正合唐代王勃《滕王阁序》中所言的"四美俱，二难并"。于是觥酌流行，肴馔毕陈，众人在丽日蓝天之下，绿草红花之间，春水碧波之上，开怀畅饮，高谈阔论，好不热闹欢乐也！

就在宴饮气氛达到高潮之际，忽然从西南方一缕黄尘起处，传来了一阵急促的马蹄声。众人注目一看，原来是从后方大本营邺城来的急使到了。

左右侍卫把那位满面尘土的急使领到袁绍面前，使者匆匆施礼之后，报告了一个令他大为震惊的消息：邺城被他人武装占领了！

事情的发生经过是这样的：袁绍亲提大军进攻公孙瓒于勃海郡时，留下魏郡（治所在今河北省临漳县西南）太守栗成，为其看守大本营邺城，因为邺城当时既是冀州的州治所在，又是魏郡的郡治所在。袁绍走后，在长安的汉献帝下诏，任命了一位新的冀州牧代替袁绍。袁绍一直以车骑将军的名义兼任冀州牧，论官位则是车骑将军为高，然而论实权此刻却以冀州牧为大。朝廷大概对袁绍在关东的自我扩张行为有所不满，所以决定把其兼职一刀削除。新任的冀州牧叫作壶寿，奉命之后立即带领随从到邺城接任。为袁绍看家的栗成，当然不认你新州牧的帐，哪怕你确实是朝廷的命官。壶寿进不了城接不了任，抖不起州牧大人的威风，不免暗自焦躁。情急智生，他竟想出一个内外夹攻邺城的主意来。他一面通过秘密关系，向栗成的部下游说，强调不能违抗天子的诏命，当然也少不了封官许愿一类的笼络，另一面则派人前往邺城西南一百里处的黑山山谷，去联络黑山军的首领于毒，请他派兵助攻邺城。这黑山军本来是反政府的农民武装，但是其最高首领张燕，在汉灵帝时即向政府投诚过，故而其麾下分支部队有时亦为朝廷效力。活动在黑山一带的于毒，手下有数万兵马，而且和袁绍的死对头、生冤家公孙瓒，有着密切的关系。因此，于毒一听是新州牧要自己帮忙端袁绍的老窝，二话不说，马上亲领兵马出山杀往邺城。栗成兵力单薄，哪里抵挡得住内外交攻？一阵拼杀之后，栗成本人死于乱军之中，邺城亦随之失守。壶寿的官军进了城，原本反政府的黑山军也进了城，旗号不一，服色各异，这急剧的政局变化，简直把城中的老百姓都搞糊涂了。

刚才还是充满笑语欢声的宴席，顿时寂静非常。俄顷，传来一阵涕泣之声，有两三人先自痛哭起来。这哭声又使他人心中受到触动，或长吁，或短叹，宴席之上满布愁云。

这些人何以如此忧心忡忡呢？一言以蔽之，是顾念家小。大军出征，妻子儿女不能随行，都留在邺城之中。如今城池易主，黑山军自由出入，城内秩序混乱，官员家属处境险恶，吉凶难卜，教他们如何不忧不愁呢？

袁绍的心里也是愁苦难当，他的家属现时也在邺城，而且比其他人的眷属更容易遭到烧杀抢掠的厄运。但是，他是全军主帅，他一旦表现出惊慌失措的模样，军心就散了。军心离散，不仅再无希望救出家眷，而且自己辛辛苦苦打下的这一块基业也将付之东流。意识到了这一点，袁绍便强忍愁苦，装出一副泰山崩于前而色不变的神态来。他频频举觞向下属劝酒，言笑自若，似乎根本没有发生过什么事情一般。既然主帅如此镇静，众人也只好奉陪到底。直到红日西斜之时，这场春江聚饮才告结束。

宴会散后，袁绍立即与几位心腹智囊密商对策。经过反复讨论，议决了两条措施。第一，大军径向西南三百里处的邺城进军，到达邺城附近之后再了解情况，以决定下一步行动。第二，马上再任命一位干练人员为新的魏郡太守，准备接管郡治邺城。这两条措施随即付诸实行。全军将士见主帅决心恢复邺城，莫不摩拳擦掌，有心立功。次日凌晨天色微明之际，数万人马即已起程南下。

　　三天左右，军行二百里，来到邺城东北不到一百里处的斥丘县城（今河北省临漳县东北）。如果说，袁绍部属在薄落津是被一个坏消息弄得不知所措的话，那么在斥丘，他们便被一个好消息弄得手舞足蹈起来。

　　好消息是他们的家属全都安然无恙，而且很快就要从邺城来到斥丘。

　　虽说人世间的事，吉凶变化无常，但是这一好消息也实在有点出人意外，那么这一富有戏剧性的变化是如何发生的呢？

　　原来，在倒向新任冀州牧壶寿的魏郡军队之中，有一员名叫陶升的将领。此人原本是魏郡内黄县（今河南省内黄县西）县政府中一位小办事员，在仕途上不甚得意，改而从军，企图在战场博一个荣华富贵。这次他随大流倒向壶寿之后，并未捞到什么满意的封赏，心里不免暗自盘算开来。此番投机，所得甚微，万一将来强大的袁绍打回邺城，搞不好性命都要完蛋，得失相较，实在相差太远。不如马上改弦更张，倒向袁绍，或许还能翻本赢一笔厚利。头脑灵活的陶升，立即选定袁军高级官员的家属，作为自己第二次投机买卖的本钱。他趁邺城秩序一片混乱之时，指挥部下兵马，把袁绍及其高级僚佐的妻室儿女，尽数用车辆载了，迅速运往袁绍军中。其先头人马一到斥丘，正好与南下的袁绍大军相遇，于是这好消息立即传开。

不到半日，陶升主力部队护卫的车队安全抵达斥丘县城。亲人历险重逢，那一种激动与欢愉可想而知。袁绍当场重赏陶升，并且委任他为建义中郎将。心满意足的陶升告退出帐之后，袁绍便召集心腹幕僚，密商收复邺城的方略。

此时的邺城之中，已经没有袁军将帅的家属，按说袁绍就可以采用围城强攻的办法了。但是，经过众人反复计议，认为此法并不可取，理由主要有二：首先，攻打邺城的目的，并不在于要壶寿等人的性命，而是要重新控制这座冀州的核心城池，以此为大本营来经略黄河以北。既然如此，那就不能让邺城受到严重的破坏摧残。而强攻之法，就很可能导致玉石俱焚人城并亡的结果。其次，此次邺城发生变故，起主要作用的并非壶寿的人马，而是在邺城附近活动的黑山军。

若无黑山军的支持，壶寿绝对打不开邺城的城门。因此，不论从目前收复邺城着眼，还是从日后彻底稳定冀州着眼，都必须先解决黑山军。黑山军一旦解决，邺城中的壶寿孤掌难鸣，便只有束手就擒一途可走了。

对形势有了清醒的认识之后，袁绍决定采取一个比较迂回的攻城方略。即自己亲率大军，从邺城东北的斥丘，绕至邺城以南的山区，开始清剿黑山军的据点，由南向北迫近邺城。与此同时，袁绍又物色一位得力的干员为新任魏郡太守，要他为接管邺城积极作好准备。新任太守姓董名昭，字公仁，乃兖州济阴郡定陶县（今山东省菏泽市定陶区）人氏。董昭受命之后，即率一批随员及军队，前往邺城附近开展工作去了。

这年六月一开始，即连降霖雨不止。二十天后，雨住转晴，赤日高照，湿气升腾，中原大地热得犹如在蒸笼之中一般。就在这罕见的暑热天气，袁绍亲自统率麾下主力军团数万人，从斥丘县南下，经内黄县境，直抵河内郡朝歌县（今河南省淇县）西边五十里处的鹿肠山下。这鹿肠山山势险峻，道路崎岖，北距邺城约二百里。黑山军的头领于毒，自从帮助壶寿攻下邺城之后，即转移到鹿肠山一带活动。袁绍早已把于毒活动情况摸得一清二楚，决心以突然奔袭的战术，先发制人。

袁绍兵马由鹿肠山南端的苍岩谷入山，马衔枚，人卷甲，悄悄对黑山军所住的山寨实施包围。于毒本来的根据地是在邺城西南一百里处的黑山一带，现今他转移到距邺城更远的鹿肠山，其意图很明显，就是不愿与南下的袁绍大军决战。到了鹿肠山后，他认为处境已经安全无虞，因而完全放松了戒备。等他发觉袁绍兵马的行动时，已经陷入重重包围之中了。

袁绍不让于毒有整军备战的机会，立即指挥全军发起猛烈的进攻。那于毒虽然遭受突然袭击，而且军队人数少于对方，却也毫无惧色，凭借险要山势顽强抵抗。于是，一场惨烈的激战，便在荒僻的鹿肠山中展开。

经过五天五夜的浴血相争，袁绍的兵马终于攻破了黑山军的核心营垒。于毒本人阵亡，其属下二三万人马，一部分战死，另一部分则被袁绍收编。

袁军凭借大胜之势，又向北进攻黑山一带的于毒余部。主帅既亡，余部军心涣散，袁绍没有费什么力气，便把于毒所指挥的武装势力彻底肃清。七月间，袁绍终于把大军推进到熟悉的邺县城下。

势孤力薄的壶寿，当然更不是袁绍的对手。第一次攻势，袁军即破门入城。才当上冀州牧没有几天的壶寿，被杀死在州牧府的大门前。经过数月的分离，袁绍重又回到邺城的府邸之中。

　　新任魏郡太守董昭，立即开始恢复城中的社会秩序。袁绍对此次邺城的变故深感痛心。为了避免今后再发生此类事件，他决定再对邺城西北方的其他黑山军发动大规模的清剿。当时，在邺城西北的西山（今太行山）东麓，还有黑山军总头领张燕，以及其他数十股黑山军的支队在活动。张燕其人作战勇猛迅疾，时称"张飞燕"。其麾下战士，个个剽悍异常，颇难对付。正当袁绍因为手下无人能够降伏张燕而苦恼时，忽有一员可当此任的赫赫名将前来投奔，令他喜出望外。这员名将不是别人，便是有"飞将"之誉的吕布。

　　吕布，字奉先，乃并州五原郡九原县（今内蒙古自治区包头市西）人氏。其人生自草原大漠之上，娴习弓马，膂力过人，成年后投身戎行，一直以骁勇闻名军旅。所到之处，皆称之为"飞将"，意谓其行动之迅疾，简直可以与西汉的飞将军李广相匹敌。当初袁绍建议征召外兵入京，吕布即在骑都尉丁原的手下效力，很得丁原的宠任。可惜吕布虽然勇武无敌，其品性却最是反复无常。其友人陈登曾有一比，说是对待吕布"譬如养虎，当饱其肉，不饱则将噬人"。曹操也有一比，说是对待吕布"譬如养鹰，饥即为用，饱则飏去"。不论如同养虎或养鹰，其意都是说吕布心中从未有过忠诚其主的概念。董卓入京之后，一心想夺取丁原手下的兵马以壮大自己的力量，便以重金要职收买吕布，令其暗杀丁原。吕布立即依令行事，亲自把丁原送上西天，割下头颅拿去向董卓请功。董卓大喜，以吕布为骑都尉，"甚爱信之，誓为父子"。但是，三年不到，吕布又应司徒王允之请，亲手刺死董卓，然后以奋武将军的身份，在长安与王允共同执掌朝政。不久，董卓的余部起兵攻长安，吕布势孤不敌，只得率领数百亲兵逃出长安，准备到荆州的南阳郡去投奔袁术。袁术心想：你吕布狼子野心，谁容纳你，你就杀谁，我还敢收你为座上客么？于是传令守境的部属：不准吕布进入南阳！吕布南下不成，遂拨转马头北上邺城，来投袁术的哥哥袁绍。袁绍正愁没有人充任先锋去降伏张燕，一听吕布前来投奔，不禁大喜。他也不管容纳吕布是否如同养虎养鹰，立刻把吕布的兵将编入先锋队里。数日之后，袁绍亲提大军，由邺城出发，前往扫荡西山。

袁军沿着南北走向的西山东侧，由南向北推进。一路之上，势如破竹，接连摧毁黑山头领左髭丈八、刘石、青牛角、黄龙、左校、郭大贤、李大目、于氐根等人的营垒，斩获数以万计。每次大战，袁绍皆以吕布为先锋冲击敌阵。那吕布骑一匹叫作"赤兔"的赤红色宝马名驹，使一杆寒光闪闪的百炼长矛（并非如后世所言是使用所谓的"方天画戟"），在左右敢死壮士的簇拥之下，陷阵攻坚，往来如风，每战必胜。不久，袁军就进入冀州常山郡（治所在今河北省元氏县西北）地界。

常山郡是黑山军总头领张燕的根据地。张燕的家乡，即在常山郡的真定县（今河北省正定县南），也就是说，他与刘备手下的名将赵云乃是同乡。张燕听说袁绍大军来到，连忙点起麾下步兵约两万，骑兵数千，严阵以待。袁绍仍然使用老办法，即先以吕布兵马为前锋纵横冲击敌阵，然后再以大兵掩杀。于是，有"飞燕"之称的张燕，与有"飞将"之称的吕布，在井陉山下的滹沱河边，大战上百回合，直杀得天昏地暗，遍地血红。后来，彼飞不敌此飞，张燕渐渐不支，连忙率领亲信随从千余人，逃往深山险谷之中。其麾下两万余人马，除阵亡逃散者外，全部成为袁军的俘虏。

常山之战，是整个扫荡黑山军战役的最后一幕。大小百余战，纵横近千里，这场扫荡黑山军的战役，最终以袁绍取得彻底胜利而告结束。胜利者袁绍，至此才算完全解决了冀州境内统一和安定的问题，并且通过大量收编黑山军俘虏，大大加强了他自己的武装力量。这种情形，与曹操完全一样，曹操也是在击败和收编了三十万青州黄巾军之后，势力大大增强的。东汉末年的农民军，有两支战斗力量最为强大，一是冀州的黑山军，一是青州的黄巾军。现今两支强大力量，分别由袁绍、曹操两人吞并，所以后来决定由谁控制北方的官渡大决战，才会在此两人之间展开。

袁绍在从常山凯旋回邺城的途中，踌躇满志，面有得色，大有天下英雄舍我其谁的模样。但是，一同回归的吕布，心情就大不一样了。吕布心中涌动的是一股强烈的不满情绪。你袁本初每逢恶战，总是把我派为先锋，让我替你攻坚陷阵，而今扫荡战胜利结束，你却对我这个立下汗马功劳的元勋，毫无一点酬谢慰劳的表示，真是岂有此理！你不给酬劳，难道我不会自己要么？主意既定，吕布一回到邺城，便向袁绍提出第一个要求：请拨给五千兵马，以补充和加强麾下前锋营的力量。

袁绍对吕布的认识，与曹操对吕布的认识相似，即其人如鹰，"饥即为用，饱则飏去"。既然不能让其吃饱，所以有功劳也不能给你赏赐，至于其扩充力量的要求，更是不能考虑。冲击千军万马如入无人之境的吕布，在袁绍面前却碰了一鼻子灰，他不禁怒火中烧，便索性发起横来。每隔数日，吕布即派部下出营，到民间去放纵抢掠一番。男丁、妇女、财帛、粮食，见到什么就抢什么，纯如盗匪行径。几次行动下来，吕布倒捞到不少油水，而邺城内外的民众却陷入一片恐怖与惊惶之中。

让"飞将"在邺城为非作歹当然不行，袁绍暗中开始筹划对付吕布之计。而吕布这一方面，本来是把抢劫作为一种要挟袁绍给以酬劳的手段，几次抢劫之后对方仍无反应，吕布也觉得无聊，便决心离开袁绍，前往河内郡（治所在今河南省武陟县西）投靠他人。

吕布要走，袁绍求之不得，马上应允，并赠以一笔数量可观的路费。与此同时，又上表一通，推荐吕布担任司隶校尉一职。在外人看来，袁绍对吕布也还算得上善始善终，人情美美，其实却大谬不然。

就在吕布临行前夕，袁绍派出了一支三十人的卫队，前往邺城南郊吕布的驻地，说是要这些近卫健儿代表自己，护送吕将军一程。吕布心想：我吕布威名流播天下，何须他人护送？袁本初殷勤得过分，莫非有诈？他不动声色，把来人安置在大帐之侧，然后命一名军中艺人在大帐之内弹筝，自己则一面听筝，一面饮酒。待袁绍卫队全部解甲安睡之后，吕布命艺人继续弹奏，而他自己则悄然出帐，率部径往河内郡而去。

那三十名卫队健儿，果然负有袁绍交付的特殊使命。半夜过后，他们一齐起身，披甲提刀，直奔吕布休息的大帐。入帐之后，他们涌至吕布卧榻侧畔，对准榻上便是一阵乱刀砍下。估计吕布被砍死后，他们立即夺路杀出营门，向袁绍请功去了。

在邺城等候消息的袁绍，听说吕布已被杀死，十分高兴。但是刺客们没有带回吕布的头颅，他心中总有几分不踏实。天明之后，出去打探消息的人员回来报告，说是吕布并未殒命，甚至毫发无伤，这一下袁绍大为紧张。为了阻止吕布杀回马枪，袁绍传令关闭邺城城门，严阵以待。然而这只是一场虚惊，就在邺城全城戒严之际，吕布已经南行百里，进入河内郡的地界了。这正是：

来客凶残如虎豹，主人歹毒似豺狼。

要想知道袁绍逼走吕布之后，接下来又丧失了一个甚么样的大好机会，请看下文分解。

第十章

坐失良机

袁绍二十多年的政治生涯，若按性质划分，可以分为两大时期。在他悬节出京之前，属于通过正常途径谋求政治发展的时期，之后则属于通过非正常途径谋求政治发展的时期。所谓正常途径，即一般的仕进升迁方式。而所谓的非正常途径，则是指拥兵自立，割地称雄。

就其后一时期而言，结盟讨伐董卓是第一阶段，设计夺取冀州是第二阶段，控制冀州全境是第三阶段。以上三个阶段中，袁绍的行动基本上没有什么重大的失误，因此，他的个人势力得以逐步扩大，最后终于牢固控制了冀州全境，还向东发展到了青州。但是，在紧接着的下一步战略决策中，他却走出了一步大错棋。这个大大的失着，不仅使他本人今后一直在政治上陷入被动的境地，而且还造就了竞争对手曹操的优势地位，从而改变了后来整个历史发展的格局和走向。

要说清楚袁绍走了一步什么样的大错棋，失去了一个什么样的好机会，不可不先把袁绍扫荡黑山军那一两年间的天下形势变化，略作一番交待。

先说西都长安的情形。初平三年（192年）四月，司徒王允命吕布杀死董卓，二人共掌朝政。两个月后，董卓的残部李傕、郭汜等举兵作乱，攻入长安，杀死王允，驱走吕布，从此长安即成为骄兵悍将为所欲为的天下。董卓初死之时，长安城中及其附近地区尚有居民数十万家。李傕、郭汜等攻占长安后，纷纷纵兵抢掠，加之出现大饥荒，到了兴平二年（195年）时，竟然"长安城空四十余日，强者四散，羸者相食，二三年间，关中无复人迹"，完全是一片人间地狱的悲惨景象。在此期间，长安城中的拥兵诸将，相互之间又展开激烈的厮杀，而作为正统攸归的天子汉献帝，则成为军人争夺的囊中物。兴平二年（195年）七月，汉献帝在一批臣僚的簇拥下，东出长安，经新丰县（今陕西省西安市临潼区东北）、华阴县（今陕西省华阴市）、弘农县（今河南省灵宝市北）、陕县（今河南省三门峡市陕州区）、大阳县（今山西省平陆县西南），最后到达河东郡的郡治安邑县（今山西省夏县西北）才算暂住下来，而这时已是次年正月的上旬了。

正月初七日癸酉，汉献帝在安邑县宣布改元，新年号取名为"建安"。建安者，建立安定秩序之意也。建安元年（196 年）七月，历经千辛万苦，汉献帝终于回到朝思暮想的旧京洛阳。但是，洛阳宫室烧尽，粮物全无，君臣都陷入极度匮乏无助的境地中，史书中就有如下真实的记载：

> 百官披荆棘，依墙壁间。……群僚饥乏，尚书郎以下自出采稆，或饥死墙壁间，或为兵士所杀。

此时此刻，如果有人愿意把皇帝接到一个有吃有住的地方去，那么他立时就可以控制汉家的小朝廷，从而"挟天子以令诸侯"。

再看京都以外的州郡形势。自从董卓西上长安之后，当初歃血结盟信誓旦旦要起兵清除"国贼"董卓的各地诸侯，竟然也都模仿那董姓"国贼"的不臣行径，纷纷割据自立，不服朝廷节制。为了争夺地盘，他们彼此攻杀，今天你吃我，明天他吞你，直把一个朗朗乾坤，变成了血流满地的可怕世界。经过五年的血火相争，到了兴平二年（195年），逐鹿的群雄主要剩下以下诸人：即兖州的曹操，徐州的刘备和吕布，荆州的刘表，扬州的袁术和孙策，益州的刘璋，凉州的马腾和韩遂，幽州的公孙瓒和公孙度，最后还有冀州的袁绍。

此时的割据群雄，若要比谁的地广、人多、粮足，首先就要数袁绍了。

先来看"地广"。早在袁绍扫荡黑山军牢固控制冀州之前，即已派遣外甥高干出任并州刺史，占领了与冀州西境邻接的并州。同时，又以长子袁谭为青州的军政长官，把与冀州东境相通连的青州也逐步抓在手里。此外，他还向与冀州南境相连接的兖州发展势力。兖州东郡的太守臧洪，即是由袁绍自行委任的。也就是说，此时的袁绍，已将河北冀、青、并、幽四州之地占去了三州，而其他人的地盘，最多只割据了一个州，望尘莫及。

再来看"人多"，按照史籍所载，冀、青、并三州在东汉后期时，登记在册者，有民户一百六十五万，有人口一千零三万，其人口约占全国人口五千余万的五分之一。汉末战乱，人口锐减，但是此三州占全国人口五分之一的比例大体不变。

最后来看"粮足",更是袁绍的突出优势。当时的逐鹿群雄,普遍缺乏粮谷,史书描述当时的缺粮情景说:

> 自遭荒乱,率乏粮谷。诸军并起,无终岁之计,饥则寇略,饱则弃余,瓦解流离无敌自破者,不可胜数。

就连素有远见卓识的曹操,也弄得来曾经以人肉干为军粮。但是,袁绍所占据的冀州,却是仓廪充实,库存粮食竟可支持十年之需!

了解到当时的天下大势我们即可明白,羽翼丰满的袁绍,不论从尽忠汉朝的大道理出发,还是从扩张势力的小算盘着眼,其下一步的战略行动,都应当把汉献帝迎接到自己所控制的冀州来,才是无比英明、无比正确之道。

后来能够扫荡群雄统一北方的曹操,其成功主要依靠两大法宝。一是抢先把汉献帝迎接到了自己所控制的许县(今河南省许昌市东),从而形成了"挟天子以令诸侯"的政治优势。二是及时在辖区之中实施屯田制度,积累起充足粮食,从而形成了"征伐四方,无运粮之劳"的军事优势。《棋经》中有言云:"彼之好点即我之好点。"这一道理其实也适用于其他双方竞争的场合。对于袁绍而言，由于粮谷充足，并不需要花大力气去实施屯田，只消从政治上着力，把汉献帝控制到手中也就可以左右天下。如果他能够抢先做到这一点，那么曹操此后就难以得到长足发展的有利空间了。但是非常可惜，自以为智略冠世的袁绍，却没有及时走出这一步大好棋。

是冀州距离京城洛阳太远，因而难以实施行动吗？答案是"否"。袁绍所在的邺城，距洛阳不过七百里左右，而且是平川大路，来往便利，其间也并无其他的强劲敌对武装势力阻隔。如果派一支精锐之师到洛阳去迎接圣驾，来回一个月也就足矣。事实上，逐鹿群雄中根据地距离洛阳最近者，除了曹操就数袁绍了。当初有董卓兵马设关守卡，严加盘查，袁绍单枪匹马，尚且能从这条路线逃往关东。如今他手握强兵，名正言顺到洛阳迎接天子圣驾，未必然还成为难事不成？

是没有人在旁提醒他么？答案也是"否"。就在汉献帝离开长安开始到处流浪后不久，袁绍手下两位最具战略眼光的谋士，便向他献计，要他立即动手把天子接到邺城来。这两位谋士，即是田丰和沮授。

田丰是在与袁绍私下交谈中提出这一重大建议的，可惜并未引起袁绍的重视。而沮授则是在一次由袁绍主持的战略研讨会上，正正经经发表意见的，他对袁绍说道："将军累世为朝廷的辅弼重臣，以忠义知名天下。今天子大驾颠沛，宗庙悉成丘墟，而诸州郡假托兴举义兵，实则彼此攻灭，未有真心匡扶王室拯救百姓者。趁此冀州安定之际，将军宜奉迎大驾，安宫邺都，挟天子而令诸侯，蓄士马以讨不服，谁能抗之御之！"

在此特别需要指出的是，后世常说的"挟天子以令诸侯"，其渊源即出自此处的沮授之言。但是，细细品味沮授之言，特别是"大驾""王室"等措辞，可见他当时对汉献帝是充满敬意，而非态度轻蔑的。因此，他此处所用之"挟"，就不能理解为带有不敬意味的要挟之挟，挟制之挟，而是带有尊敬意味，或者至少是中性意味的挟带之挟。也就是说，沮授本人此言的原意，乃是陪奉着天子一起来号令诸侯，是对汉献帝带有尊崇情感的说法。即便心中有挟制之类的打算，然而在台面上却不能这样明确说出来。但是，后世的讲说三国者，大多把沮授所言的"挟天子"，理解为要挟天子，挟持天子，并没有注意到此时此刻沮授对汉献帝的情感和态度，这样就把沮授这句名言的原本含义讲得出现偏差了。

袁绍听了沮授之言，脸上登时现出喜悦之色。但是，他的高兴是冲着沮授头两句话来的，凡是听到有人颂扬他的先世门第，他都禁不住要露出微笑。至于沮授接下来提出的建议，他却并不怎么特别看重，其中的原因，留到下面再说。

袁绍手下还有一位心腹谋士，姓郭名图，字公则。此人智谋浅短，却惯会迎合上司意旨。他还有一种毛病，即对才略优于自己之人，总想借机打击压制。他对奉迎汉献帝的建议，内心深处还是赞同的。但是，既然此项建议不是由他本人提出，而是由谋略胜于自己的沮授提出来，他就一定要坚决反对了。具有此种近乎病态心理的人士，就在当今社会也时或有之。当下郭图便侃侃发表异议道："汉室衰颓，为日已久，今欲兴之，不亦难乎！况且现今群雄各据州郡，拥众动辄以万计，正所谓'秦失其鹿，先得者王'。假若奉迎天子到近前，凡事须先上表奏闻，依从则己之权轻，违抗则于理不顺，左右掣肘，非计之善者也。"

陈寿《三国志》在解释袁绍何以不愿奉迎汉献帝到邺城的原因时说，当初废黜少帝刘辩改立献帝刘协，完全是董卓的主意，袁绍对此曾经表示强烈反对，他对献帝没有好感，故而不愿奉迎之。这一解释虽然有道理，但是并未点到问题的要害。

　　袁绍不愿奉迎汉献帝的根本原因，是他本人就怀有代汉称帝的政治野心。当此之时，四海分崩，汉帝形同傀儡，一心做皇帝美梦者大有人在。比如，辽东郡（治所在今辽宁省辽阳市）的太守公孙度，制作了皇帝专用的御车和仪仗，又按皇家礼制举行郊天、祀地和亲耕籍田的仪式，俨然就是辽东的天子。益州的州牧刘焉，也在成都造作皇帝专用的车辆，一心想当益州的天子。还有袁绍的老弟袁术，此时转移到扬州的寿春县（今安徽省寿县），也想在淮南登上九五之尊。他的部将孙坚攻入洛阳时，曾在城南的一口井中，得到汉献帝匆匆西上长安时丢掉的传国玉玺。早就在做皇帝大梦的袁术，立即从孙坚手中把传国玉玺抢了过来。这方玉玺是秦始皇所制，用蓝田美玉琢成，见方一寸，约合今二十四毫米，其上为五龙交缠之纽，其下刻有李斯所书八字印文，文云："受命于天，既寿永昌。"此种见方一寸之玉玺，当时称为"方寸玺"，可以随时佩带身上，既是皇帝威权之象征，又能在下达手诏时方便取用。至于下达正式诏书，则用另外六种玉玺加印。秦亡，传国玺由汉高祖得之，辗转相传，以至于献帝。拿到了传国玺，袁术自以为天命所归，立即召集幕僚研究代汉称帝之事，想当淮南的天子。北面的幽州，西面的益州，南面的扬州，都有人想要当皇帝，袁绍的声望比他们高，力量比他们强，自高自大的意识也比他们强烈，岂有不动心之理？只不过他作为起兵讨伐"国贼"匡扶王室的盟主，慷慨激昂的结盟誓言犹在耳，他觉得眼下还不好意思把内心所想表露出来而已。郭图揣摩透了袁绍心思，所以迎合其意来反驳沮授，自然得到了袁绍的赞同。

善于从大局着眼来判断形势的智者，往往拙于揣摩狭窄阴暗的小人内心，沮授即是如此。他见袁绍明显赞同郭图的意见，也不深究其中的奥妙，竟然以忠义之道来继续劝说袁绍道："今迎天子，既申大义，且合时宜。如不早日行动，必有他人占先。'君子见机而作，不俟终日'，此经典之明训也，愿将军速作决断！"

袁绍有一个大毛病，就是不大听得进与自己本意不合的意见，无论其是否正确。这一个毛病，又和他那从极度自卑转化成极度强烈的畸形自尊心有关，这一点前面已经说过了。但是，你又不是全知全能的上帝，岂能事事判断得十分准确？既不能料事如神，又不能从善如流，那么纵然如孟尝君之好士养客，又有何用？岂不是装点门面之举么？岂不是认认真真在做空事么？此时此刻，任他沮授说者谆谆，袁绍始终听者藐藐。更有甚者，在这次会议过后不久，袁绍竟然亲提大军，朝着与洛阳反方向的东边，去打兖州东郡的臧洪去了。这一打便打了将近一年，结局果然如沮授所料，在此期间有人夺了先机。

究竟何人夺了先机，暂且留在下文叙述，此处先把袁绍攻打臧洪的始末先作交待，因为从此事当中，我们可以进一步了解袁绍其人。

关于臧洪，前文已有所介绍，他原本是广陵郡太守张超最为信任的幕僚，曾经担任主持人，主持了兖州刺史刘岱、豫州刺史孔伷、陈留太守张邈、东郡太守桥瑁和广陵太守张超这五人的结盟讨董仪式。那次盟会之后不久，臧洪受张超之命，到幽州去见州牧刘虞。不料行至中途，正好碰上袁绍与公孙瓒大战，无法北上，便在冀州停了下来。袁绍素闻臧洪之名，见面之后很是倾心，便与之结为金兰之好。稍后，袁绍即任命臧洪为青州刺史。臧洪在任两年，政绩突出，令袁绍叹赏不置。初平三年（192年）四月，兖州刺史刘岱被黄巾军杀死，袁绍便自行任命东郡太守曹操为兖州刺史，而东郡太守一职则由臧洪去接任。

曹操到了兖州，即与张邈、张超兄弟发生矛盾。先是二张暗中招引从袁绍那里逃出来的吕布，趁曹操东征徐州之际，偷袭占据了兖州。一年后，曹操又打回兖州，吕布与张邈逃往徐州投靠刘备，张超及张氏家属则被围困在雍丘县（今河南省杞县）孤城之中，生命危在旦夕。

臧洪在东郡得知故主有难，立即驰往邺城，赤足号哭，请求袁绍看在过去同盟的份上发兵援救张超。但是，袁绍当时正与曹操打得火热，加之又因张超之兄张邈，曾经指责过自己，旧恨未消，所以断然拒绝发兵。兴平二年（195年）十二月，雍丘城破，张超及其亲属全部被曹操诛杀。臧洪愤怒到极点，回到东郡便宣布与袁绍决裂。此时的袁绍志骄意满，哪里容得小小的臧洪与自己作对？所以也不顾眼前有多少更为重要之事需要处置，也不顾天子在洛阳如何饱受饥寒之苦，提起数万兵马便向东郡杀来。

当时臧洪的治所，是在东郡的东武阳县（今山东省莘县南）。此城东依漯水，城池坚深，是一处易守难攻的军事要塞。东武阳在邺城正东二百余里，距离甚近。正因为如此，所以臧洪一宣布与袁绍决裂，马上就动员城中军民，作好迎战的准备。臧洪在东郡也深受军民拥护，而且人们又知道他与袁绍决裂是出自忠于旧主的正气，因而全城一心，誓同强敌周旋到底。

兴平二年（195年）年底，袁绍大军来到东武阳城下，立即实施严密包围并展开进攻。臧洪亦指挥城内数万军民顽强抵抗。起初袁绍还以为攻灭一座孤城，只消十天半月足矣，

图1　何进谋杀十常侍（《三国志像》）

图2　董卓火烧长乐宫（《三国志像》）

图3　曹操官渡战袁绍（《三国志演义》）

图4 战官渡本初败绩（金协中绘）

图5　曹操仓亭破本初（金协中绘）

图6　亭前迎谒画像砖

图7 汉代舂米入仓图

图8　汉代酿酒画像

图9　汉代车马过桥砖图

哪知道才大谬不然。从当年底直到次年秋天，几乎进攻一年，东武阳城依然屹立不下。袁绍恼羞成怒，下令从冀州增调兵马，不分昼夜轮番进攻。此时城中粮食耗尽，军民被迫挖洞捉鼠，或取弓弦之牛筋，煮以为食。如此又坚持一段时间，城池才告陷落。

袁军破城后，生俘臧洪。消息传到郊外大营，袁绍立即召集诸将，布置会场，然后传见俘虏。臧洪被兵士推入场中跪下，高坐在上的袁绍发话道："臧洪，何以负心如此？今日被俘，总该心服了吧。"

臧洪用力抬起头来，怒目圆睁，答道："袁氏事汉，四世五公，可谓受恩深重。今王室衰弱，毫无扶救之心，反有非分之想，多杀忠良，以立奸威。洪当初亲见你呼张陈留（指陈留太守张邈）为兄，则其弟即是你弟，何忍拥众坐视其家受人屠灭！可惜我臧洪力小才劣，不能为其报仇雪恨，今日有死而已，岂有心服之理！"

袁绍的本意，是想赦免臧洪使之再度为己所用。然而臧洪说他有非分之想，触及其隐私，他顿时恼怒起来，把那爱才的初衷忘得一干二净。于是，他传令推出罪人斩首。就在此时，座中忽有一人起立对袁绍言道："将军举大事，为天下除暴，而反先杀忠义之士，岂合天意？臧洪一切皆为故主，即使有罪，又何至斩首？"

　　袁绍举目一看，原来是臧洪的一位幕僚陈容。在东武阳城未攻陷之前，臧洪曾先疏散一批老弱病残，陈容亦在其中。今日袁绍召陈容列席，是想让他到时候劝说臧洪一番，哪知他被臧洪的表现所感动，反而为臧洪仗义执言。当下袁绍对陈容说道："你与臧洪不同，何须如此！"

　　陈容从容答道："仁义之道，行之则为君子，背之则为小人。今日我宁与臧洪同日死，不与将军同日生！"

　　袁绍不禁勃然大怒，马上喝令侍从把陈容推出，与臧洪一并斩首。这一意外结局，令在座者无不震惊和惋惜，当即有人私下言道："可叹一日之中，竟然诛杀两位义烈之士！"

　　攻破东郡，杀了臧洪，袁绍出了胸中恶气，心情极为畅快。这年初冬，他收兵凯旋，回转邺城。到了邺城他就得到一个确切的消息：汉献帝被曹操迎接到许县（今河南省许昌市东）去了！这正是：

　　　　良谋拒绝怀私计，坐失先机后悔迟。

　　要想知道袁绍得知曹操将汉献帝迎接到许县之后，他与曹操的关系将会有何变化，请看下文分解。

第十一章
袁曹生隙

　　袁绍与曹操的关系，迄至建安元年（196年）的九月，曹操把汉献帝接到许县并执掌汉朝政事为止，一直是非常亲密的，至少从外表看来是如此。用当时人们的话来形容，即是"袁曹方睦"。

　　在这种亲密关系中，又以曹操接受对方的恩惠为多。其中重要的，就有以下五件大事。

　　初平元年（190年）三月，曹操随众起兵讨伐董卓，会师在酸枣县（今河南省延津县西）。各支军队都畏敌不前，只有曹操亲率麾下五千人马孤军西进，荥阳一战大败，全军尽没。曹操到扬州招兵买马，仅得千余人，势单力薄，难以自立，只得到河内郡（治所在今河南省武陟县西）去投奔袁绍。袁绍以盟主身份热情接纳了曹操，并分给他少量兵众，使之恢复元气，此其一。

初平二年（191年）秋，曹操在东郡（治所在今河南省濮阳县）一带击破黑山军，立下战功，袁绍立即自行任命曹操为东郡太守。至此，曹操在举兵讨伐董卓之后，第一次有了自己控制的一块地盘，此其二。

初平三年（192年）四月，青州黄巾军近百万人涌入兖州，兖州刺史刘岱与之交兵阵亡，兖州官员到东郡请曹操权且代任刺史。曹操应命率众激战黄巾军，大胜之后，但朝廷以曹操自任州职为非法，另派一新刺史前往兖州接任。此时袁绍又以盟主身份，假借皇帝名义，自行任命曹操为兖州刺史。于是，有了名分的曹操，得以将地盘由一个郡扩大到一个州，此其三。

兴平元年（194年）四月，曹操为报父仇，率军东攻徐州牧陶谦。袁绍特派骁将朱灵，率精兵三大营前往助战，使曹操得以大胜，此其四。

曹操东征徐州之际，张邈、张超等人联合吕布，乘虚占领了兖州。曹操回军击溃吕布与张邈，然后围攻张超于雍丘。袁绍不救张超，并在雍丘受攻之时上表朝廷，再次以曹操主持兖州的州政，使曹操重新在兖州站稳脚跟，此其五。

由此可以看出：曹操之所以能成气候，与袁绍的长期扶助大有关系。完全可以说，没有袁绍的大力扶助，曹操很难取得后来的巨大成功。难怪后来袁绍在追述这些往事时，能够理直气壮地说一句"我有大造于操也"。大造者，大恩大德也。

当然，胸怀鸿鹄之志的曹操，并不甘心当袁绍的小伙计，而是随时准备自创天地，完全独立。这一点，就连在袁绍手下当魏郡太守的董昭也看得出来，他曾对人说道："当今袁、曹虽然结好，情同一家，然而势不可久。曹今虽弱，实乃天下之英雄，必成大事！"

基于以上判断，董昭不久即改换门庭，前去投奔曹操。不过，曹操尽管久蓄自创天地之志，却因力量不足，一直未能如愿。为了能够早日实现自己的目标，他不得不与袁绍搞好关系，利用强大的外援谋求生存和发展。曹操与袁绍不同，曹操最为善于发现机会，并且一旦发现机会，就能以最快的速度采取行动，真正够得上《周易·系辞》中"君子见机而作，不俟终日"这句赞语。而他见机而作的非凡能力，在奉迎汉献帝到许县一事中得到了充分的展现。

早在初平三年（192年），曹操刚刚把自己的地盘从东郡扩展到整个兖州的时候，他就已经把汉献帝列为自己捕捉的政治目标了。当时，他手下一位谋士名叫毛玠，向他献计说："今袁绍、刘表，势力虽然强大，然而皆无深谋远虑。兵以行大义者胜，而开创基业还必须凭借财力。为能达到义、财两者并举，将军宜奉天子以令不臣，修耕植以蓄军资，如此则霸业可成也。"

曹操非常赞同毛玠的战略设计，从此就把"奉天子以令不臣，修耕植以蓄军资"这两条原则，视为自己事业发展的指导方针。此处毛玠的"奉天子以令不臣"，正好就是上文中沮授"挟天子以令诸侯"的另一种说法，两者含义完全相同。由此也可证明，沮授所言的"挟天子"，正是毛玠的"奉天子"，其原意完全没有要挟、挟制的轻视含义。虽然在实际上，天子汉献帝确实被曹操所挟制，但是在表面的官场话语上，却绝对不会这样明说。四年之后，汉献帝从长安回到已经成为废墟的洛阳，吃住均无着落，陷于极度困窘的境地时。此时的曹操，已经驱走吕布重新占据兖州，并且还把豫州的颍川郡（治所在今河南省禹州市）、陈郡（治所在今河南省周口市淮阳区）和汝南郡（治所在今河南省平舆县北）这三个重要的郡，牢牢控制在手中。他认为实施上述指导方针的时机已经成熟，于是积极布置，准备到洛阳迎接天子到颍川郡的许县（今河南省许昌市东）。

当然，在曹操的部属当中，也有不少谋士反对此举，这种情况与袁绍部属商讨奉迎汉帝时的局面极其相似。但是，曹操与袁绍不同，曹操就有正确的判断力，以及认准目标坚持行动的自信心和执行力。建安元年（196 年）八月，他亲自统率一支实力强劲的精兵，驰赴洛阳。十天之后，又护卫汉献帝起程前往许县。从此，汉献帝就成为曹操、曹丕父子手中的傀儡，任其操纵长达二十五个年头。

九月一日己巳，汉献帝一行到达许县。当天皇帝下达诏书，正式委任曹操为大将军，封武平县侯，执掌汉室朝政。同时，又建立宗庙、社稷于许县，许县即成为洛阳、长安以外的临时首都。

一朝权在手，便把令来行。曹操奉迎天子之后最先办理的一件事，即是以天子的名义下达一封诏书与袁绍，严词指责袁氏，"地广兵多而专自树党，不闻勤王之师而但擅相讨伐"。当朝廷特使把诏书送到邺城之日，正是袁绍杀了臧洪凯旋回师之时。袁绍捧读诏书之后，差一点没有气昏过去。

他心里很明白：这通文字名义上是天子诏书，实际上无异于曹操的私人信件。十六岁的小皇帝刘协懂得何事？还不是曹操这匹夫在幕后操纵么！他气自己，以前怎么就没有能识透曹操的真面目呢？竟然还引之为朋友，一而再、再而三地给以大力帮助，真是荒唐可笑之极！现在可好，曹操羽翼丰满了，马上就恩将仇报，这真应着了古人所说的"养虎自遗患"这句话。袁本初呀袁本初，此番你将成为天下人的笑柄了！

不过，袁绍虽然气愤已极，外表却依然镇静如常。这一点有限的自我控制能力，却是他最引以为自豪的本事。当下他与心腹幕僚们商议一番，决定对曹操的嚣张气焰给以反击。

反击的手段不是使用武力，而是以文对文。你能假托天子的名义下诏书指责我，我就不能借故向天子上表章来揭露你么？未必然天下善文之士都在你曹孟德的麾下效劳，我袁本初就打不来笔墨官司吗？现在先给你来文的，稍后再用武的同你算账。主意既定，袁绍即令手下擅长章奏的幕僚，草成表章一道，派专人送往许都。这篇表文情理交融，是魏晋散文中的名篇，值得一读。其文曰：

臣闻昔有哀叹而霜陨，悲哭而崩城者，每读其书，谓为信然；于今况之，乃知妄作。何者？

臣出身为国，破家立事，至乃怀忠获衅，抱信见疑，昼夜长吟，剖肝泣血，曾无崩城、陨霜之应，故邹衍、杞妇何能感彻？

臣以负薪之资，拔于陪隶之中，奉职宪台，擢授戎校。常侍张让等滔乱天常，侵夺朝威；贼害忠德，扇动奸党。故大将军何进，忠国疾乱，义心赫怒，以臣颇有一介之节，可责以鹰犬之功，故授臣以督司，谘臣以方略。臣不敢畏惮强御，避祸求福，与进合图，事无违异。忠策未尽而元帅受败，太后被质，宫室焚烧，陛下圣德幼冲，亲遭厄困。时进既被害，师徒丧沮，臣独将家兵百余人，抽戈承明，竦剑翼室，虎叱群司，奋击凶丑，曾不浃辰，罪人斯殄。此诚愚臣效命之一验也。

会董卓乘虚，所图不轨。臣父兄亲从，并当大位，不惮一室之祸，苟惟宁国之义，故遂解节出奔，创谋河外。时卓方贪结外援，招悦英豪，故即臣勃海，申以军号，则臣之与卓，未有纤介之嫌。若使苟欲滑泥扬波，偷荣求利，则进可以享窃禄位，退无门户之患。然臣愚所守，志无倾夺，故遂引会英雄，兴师百万，饮马孟津，歃血漳河。会故冀州牧韩馥，怀挟逆谋，欲专权势，绝臣军粮，不得踵系，至使猾虏肆毒，害及一门，尊卑大小，同日并戮。鸟兽之情，犹知号呼。臣所以荡然忘哀、貌无隐戚者，诚以忠孝之节，道不两立，顾私怀己，不能全功。斯亦愚臣破家徇国之二验也。

又黄巾十万，焚烧青、兖；黑山、张杨，蹈藉冀域。臣乃旋师，奉辞伐畔。金鼓未震，狡敌知亡。故韩馥怀惧，谢咎归土；张杨、黑山，同时乞降。臣时辄承制，窃比窦融，以议郎曹操，权领兖州牧。会公孙瓒师旅南驰，陆掠北境，臣即星驾席卷，与瓒交锋。假天之威，每战辄克。臣备公族子弟，生长京辇，颇闻俎豆，不习干戈；加自乃祖先臣以来，世作辅弼，咸以文德尽忠，得免罪戾。臣非与瓒角戎马之势、争战阵之功者也，诚以贼臣不诛，《春秋》所贬，苟云利国，专之不疑。故冒践霜雪，不惮勤勤，实庶一捷之福，以立终身之功。社稷未定，臣诚耻之。太仆赵岐，衔命来征，宣明陛下含弘之施，蠲除细故，与下更新。奉诏之日，引师南辕。是臣畏怖天威，不敢怠慢之三验也。

　　又臣所上将校，率皆清英宿德，令名显达，登锋履刃，死者过半，勤恪之功不见书列。而州牧、郡守，竟盗声名，怀持二端，优游顾望，皆列土锡圭，跨州连郡，是以远近狐疑，议论纷错者也。臣闻守文之世，德高者位尊；仓卒之时，功多者赏厚。陛下播越非所，洛邑乏祀，海内伤心，志士愤惋。是以忠臣肝脑涂地，肌肤横分而无悔心者，义之所感故也。今赏加无劳，以携有德；杜黜忠功，以疑众望。斯岂腹心之远图？将乃谗慝之邪说使之然也？臣爵为通侯，位二千石，殊恩厚德，臣既叨之，岂敢窥觊重礼，以希彤弓玈矢之命哉？诚伤偏裨列校，勤不见纪，尽忠为国，反成重怨。斯蒙恬所以悲号于边狱，白起歔欷于杜邮也。太傅日磾，位为师保，任配东征，而耗乱王命，宠任非所，凡所举用，皆众所捐弃；而容纳其策，以为谋主，令臣骨肉兄弟，还为仇敌，交锋接刃，构难滋甚。臣虽欲释甲投戈，事不得已。诚恐陛下日月之明，有所不照，四聪之

听，有所不闻，乞下臣章，咨之群贤，使三槐九

棘，议臣罪戾。若以臣今行权为衅，则桓、文当

有诛绝之刑；若以众不讨贼为贤，则赵盾可无书

弑之贬矣。臣虽小人，志守一介。若使得申明本

心，不愧先帝，则伏首欧刀，褰衣就镬，臣之愿

也！惟陛下垂《尸鸠》之平，绝邪谄之论，无令

愚臣结恨三泉！

　　这一篇上表，洋洋洒洒一千余字，层次清晰，行文畅达。
开头第一段，引用邹衍受冤而五月飞霜，杞梁之妻哭夫而城
墙倾崩的古人故事为比喻，说明现今的自己，同样受到了莫
大冤屈。冤屈何在呢？在于自己一贯尽忠报国，却反而遭到
了朝廷的无端指责。接下来的第二、第三、第四段，就列举
了自己尽忠报国的三大证据，一是与何进共同诛锄宦官，二
是带头起兵讨伐董卓，三是奉诏后立即与公孙瓒修好罢兵。
最后的一段，先分析自己何以受到冤屈的原因，认为是"谗
慝之邪说使之然"，即邪恶谗言造成的恶果，接着对自己与袁
术何以交兵不解的原因略作解释，最后则要求皇帝把自己这
篇表章交付朝臣，公开议论孰是孰非。全文结构严谨，一气
贯通，确非文章高手不能为。

但是对我们而言，感兴趣者在于此文的以下两点特色。

首先，此文深得"扬长避短"之要诀。所谓"扬长"，是指自己的功劳要大说而特说；所谓"避短"，是指自己的丑恶要尽量遮羞和掩饰。以汉献帝名义下达的诏书，责备袁绍"地广兵多而专自树党，不闻勤王之师而但擅相讨伐"，这都是指袁绍据有冀州之后的作为，而且也是确凿存在的事实。袁绍自知理亏，所以在这方面尽可能减省笔墨，而把诛锄宦官、讨伐董卓这些往日的功劳，放在前面大表一番。如果是一位不了解袁绍底细的人士来看这篇文章，在先入为主的影响之下，定然以为他真的是"怀忠获衅，抱信见疑"了。而这正是他所希望产生的效果。

再者，此文又深得"藏锋不露"之要诀。所谓"藏锋不露"，是指锋芒不时指向曹操，但在文章表面上却不大看得出来。诏书是曹操以天子名义下达的，上面并无曹操的姓名。因此，表文中虽然不时攻击曹操，其间也极少提及曹操的姓名。以牙还牙但又心照不宣，这就是政坛角斗的常用招数。细读此表，袁绍暗中针对曹操的地方，至少有以下几处。

在第四段中，说自己得到冀州之后，曾自行以天子的名义"以议郎曹操，权领兖州牧"。寥寥十字，看似平淡，其实具有极强的攻击力。须知曹操成为气候，就是从出任兖州牧开始，所以这一句话，含有两层言外之意：首先是说曹操乃忘恩负义之徒，受我袁绍的大力提携却反而以怨报德；其次是说曹操一直是自己的同伙，如果一定要说我在树立朋党，那么朋党中的主要成员就是你曹操，我若是坏人，你更是坏人。

另外，在最后一段中，有"州牧、郡守，竞盗声名……皆列土锡圭，跨州连郡"之语，这是在讽刺曹操得任大将军，封武平县侯，执掌朝政；还有"陛下播越非所，洛邑乏祀"之语，这是在指斥曹操把汉献帝移到许都，造成洛阳的皇家宗庙无人举行祭祀；还有"赏加无劳，以携有德"之语，这是攻击曹操领兵入洛阳后，毫无功劳的亲信加官晋爵，像我这样的有德之人却被离间冷落；还有"谗慝之邪说使之然也"之语，这是揭露曹操在天子下达诏书这一事情中的幕后操纵作用。可见此文的字里行间，时时都有刀光剑影在暗中闪动。

袁绍表文送到许都，还真的起了一点作用。十一月七日戊辰，汉献帝正式下诏，提升袁绍为三公之首的太尉，封邺县侯。按说加官晋爵乃是大喜事，在他人是求之不得。但是，诏命传至邺城之后，袁绍又着实气恼了一回。这又是怎么一回事呢？

原来，按照东汉的官制，作为三公之首的太尉，在通常的情况下，就是最高一等的军职。如果同时又任命了大将军，那么大将军的地位便在太尉之上，太尉只能由通常的第一屈居第二了。袁绍自认为家世、资历、声望和原来的官位都高过曹操，而曹操此时自任大将军，却把低一等的太尉留给了自己，这不是有意欺侮自己、贬低自己又是什么？所以袁绍得知消息后，立即咬牙切齿骂道："曹操匹夫多次陷入绝境，均靠我为之解救危难，而今竟敢忘恩负义，假借天子名义来指挥我么！"

他又呈上一通表章，说是自己无德无能无功无劳，不堪担任太尉的重任，坚决要求把此职让给德高望重的尚书令陈纪。曹操拿到袁绍的上表，顿时陷入沉思之中。

袁绍说的是气话，这曹操当然明白。曹操安排袁绍为太尉，又把袁绍的爵位从原来的乡侯（邟乡侯），提为县侯（邺县侯），都确实有笼络袁绍的意思。曹操之所以如此，有两点原因：一是袁绍那篇上千言的表章，多少触到了他的要害。二是此时此刻，他需要暂时稳住北面的袁绍，以便专力对付东、西两面的威胁。东面的威胁来自徐州的吕布，西面的威胁来自荆州的张绣。吕布正盯住曹操的老地盘兖州，而张绣则瞄着天子所在的新都城许县。曹操必须及时解决这两个实力较弱的对手，以便在不远的将来与袁绍决一雌雄。但是，袁绍现在却不受自己的笼络，因为自己给的价码还不够高，这又怎么办呢？

经过一番冷静思考和认真权衡，曹操决定作一个大让步。此举证明曹操不愧为大政治家，懂得何时应当进攻，何时应当退却，不像那些平庸的政客，只知进而不知退，只知得而不知舍。换在袁绍身上，是绝对不会同意作出类似让步的。十一月二十五日丙戌，曹操上奏汉献帝，自请降职担任三公之末的司空，而把大将军的位置让给袁绍。当然，朝廷政事，依旧由曹操一手控制，这用史籍的语言来描述，叫作"百官总己以听"，用大白话来说，就是朝廷百官还是都听自己的。

袁绍得知曹操自请降职让贤的消息，心中真是痛快。位冠百僚的大将军，正是他朝思暮想的职位，而今由曹操乖乖奉送上门，这是何等得意之事！于是，他在邺城静候朝廷正式诏书的下达。谁知一等两个月过去，转眼到了第二年的正月，仍无朝廷使者前来。袁绍不禁勃然大怒，立即修书一封，严词质问曹操在搞什么名堂！

曹操在搞什么名堂呢？

原来，他自请降职为司空后，即抓紧时间筹划进攻那个屯兵于荆州南阳郡穰县（今河南省邓州市）的张绣，准备在一两个月之内彻底消灭之。张绣兵马虽不多，却极其骁勇善战，其驻地穰县距许都不过五百里，对曹操后方的威胁甚大。如果在一两月内消灭了张绣，曹操就不想把大将军的位置让出去了，可见英雄也有露俗之时。袁绍一直等不到任命诏书，就是因为曹操对张绣之战尚无结果。

建安二年（197年）正月，曹操倾全力对张绣发动突然进攻，张绣措手不及，举兵投降。得意忘形的曹操，竟然把张绣的婶母纳为小妾以自娱。张绣羞恨不已，立即举兵反叛，当场射伤曹操，杀死曹操长子曹昂，曹军大乱。待曹操狼狈逃回许都时，袁绍的质问书信也到了。

这一下曹操不能不兑现诺言了。当年三月，汉献帝派遣的使者孔融来到邺城，宣读诏命，晋升袁绍为大将军，兼督冀、青、幽、并四州的军务，并赐以显示威权的弓矢、斧钺、节旄和宫廷卫士一百人。至此，袁绍终于美梦成真。

心满意足的袁绍，根本没有想到曹操在这场大封赏中埋伏下了一个深沉的计谋。从表面上看，袁绍既然身为大将军，那么由他来统一指挥冀、青、幽、并这河北四州的军事行动，亦即"兼督冀、青、幽、并四州"，是十分自然十分合理的事。但是，当时袁绍实际上能控制者，却只有冀、青、并三州，至于幽州么，还在人家公孙瓒的手里呢，而公孙瓒则是袁绍的死对头、生冤家。曹操明知这一切，却有意把幽州混在另三个州之间让你去"兼督"，这等于是在激袁绍：朝廷把幽州赏给你了，不知你这位堂堂的大将军，敢不敢从公孙瓒手中去把幽州夺过来呢？袁绍为人极其自傲，受此一激，必定会拼全力去夺取幽州。一旦袁绍和公孙瓒连兵不解，曹操就得到从容收拾张绣和吕布的机会了。

　　果不其然，袁绍就任大将军后，立即放过南面的曹操，把兵锋转而指向北面的公孙瓒，演出了血洗易京这惊心动魄的一幕。这正是：

　　　　孟德高明施小计，本初弱智战幽州。

　　要想知道此番袁绍统领大军前往幽州，双方交战的进展如何，他又将采取怎样的巧妙手段，一举血洗公孙瓒的老巢易京，请看下文分解。

第十二章

血洗易京

　　这是初平四年（193年）冬天，公孙瓒举兵杀死幽州牧刘虞，独占幽州之地。当此之时，南面的袁绍会同刘虞的残部，频频对公孙瓒发起猛烈攻击，公孙瓒便想在自己的地盘内，建造一处坚不可摧的军事据点，以之作为自己安身立命之所。那么据点最好在何处营建呢？迷信意识相当浓厚的公孙瓒，突然想起了近来民间传唱的一首童谣，其辞曰：

　　燕南垂，赵北际，中央不合大如砺，唯有此

中可避世。

在当时，人们总认为，民间天真无邪的儿童自发性传唱的儿歌，往往含有一种神秘的启示，或者就是一种政治预言。例如，在汉少帝刘辩被宦官带出皇宫夜奔小平津之前，洛阳城中即有童谣曰："侯非侯，王非王，千乘万骑走北芒。"事后有人终于悟出来："侯非侯，王非王"者，即指皇帝也；"千乘万骑走北芒"者，前一晚大队宦官带着皇帝由北芒山奔向小平津，而次日清晨朝廷百官又迎接皇帝兄弟于北芒山麓也。这岂非一种神秘的启示或政治预言么？公孙瓒是一个相当迷信的人，他对童谣的预示性更是笃信不疑。于是，他便以这首童谣所言为准，来寻找自己营建永久性军事据点的地方。

而今这首童谣说：在燕地的南边，赵地的北边，其间有一处边界未曾会合的地方；此地的大小如同一方磨刀石，但是唯有此地可以避开世间的一切危险。公孙瓒与幕僚们苦苦思索许久，最后认定这块天赐宝地，就是幽、冀二州边界上的易县（今河北省雄县西北）。

于是，公孙瓒把自己的常驻地，从幽州的州治蓟县（今北京市），南移二百里，迁到了易县。同时调集大批民夫，在易县构筑军事防御工程，他想要在此修一座比金城汤池还要坚不可摧的堡垒。

在古代的冷兵器时代，人们修筑防御工事，通常都是采用立墙建城的方式，所以才有明代朱升"高筑墙，广积粮，缓称王"的经验总结。公孙瓒徙镇易县，照常规应当是对易县的旧有城池进行改造，加高城墙，浚深城河。但是他没有遵循这样的常规，而是独出心裁另外搞了一套奇特的系统性设计。

公孙瓒在易县城西四五里处，一片开阔平坦的原野上，选定了一块最佳施工现场。首先，他在外围修筑环形的堑壕。一重又一重，逐渐向外扩大，最后扩大到整整十重。其次，又在各重堑壕之间的圆环形空地上，建造起一座又一座的高高土台，台高都在五六丈左右，约合今十二米到十四米，相当于四到五层楼房的高度。最后，又在每座土台之上，使用木材建造楼阁。这种土台楼阁有将近千座之多，都是供公孙瓒的部属居住的。而在最里面一重堑壕中间的圆形地面上，则是公孙瓒本人居住的楼台。土台高十丈，约合今二十四米，相当于八层楼房的高度。土台上依然建造楼阁，以铁为门。公孙瓒与其妻妾居住在高楼之中，男子在七岁以上者即不准入内。凡是有公务文书处理，均用吊篮将其提上放下。公孙瓒又令侍女练习高声呼叫，每当自己要发布号令，即令此种高音侍女在楼上宣布传达。当这一整套由围堑和楼台组成的防御体系完成之后，公孙瓒与诸将即分居在高楼之中，兵士则散布围堑之内，其中储备的粮食有三百万斛之多。公孙瓒颇为得意地对人们说道："当初以为天下之事可以一挥而定，今天看来非我所能主宰，不如休兵养士，以待时变。兵法有云：'百楼不攻。'今我有高楼上千座，积谷三百万斛，袁本初其奈我何！食尽此谷之后，足以应付天下事了！"

古人称极高之高度为"京"。公孙瓒在易水北岸建造高楼千座，故而这一大片防御工事群，也就被史书称为"易京"。在中国古代军事史上，易京之奇特设计，自应大书一笔。可惜这座古代东方的"马其诺防线"，并未能挡住袁绍的进攻。

袁绍就任大将军之后，为了使自己兼督四州军事的名义能够落到实处，于是不断调兵遣将北伐幽州。公孙瓒凭借易京，龟缩固守。由于袁绍投入的兵力不足，而且缺乏攻破敌军堑楼结合性防御体系的有效手段，所以在开初的一年激战中，袁军始终无法撕破易京防线。

冬去春来，又是一年芳草绿。建安三年（198 年）暮春时节，袁绍独坐在邺城大将军府邸的花园小阁之中，眼前虽是姹紫嫣红，心里却是异常的焦躁。北面进攻公孙瓒的战事，至今已逾一年却无大的进展。南面对付曹操的外交行动，也没有取得预料的成功。原来，曹操将汉献帝迁到许都后，袁绍时不时要接到曹操以天子名义颁发的诏书。袁绍很感被动，到这时候才真正认识到"挟天子以令诸侯"的莫大好处。他想亡羊补牢，便派遣能言善辩之士，前往许都面见曹操，以许都地势低下潮湿而洛阳残破不堪为由，劝曹操把天子移到兖州济阴郡的鄄城（今山东省鄄城县北），说是鄄城物产富庶，城池完固，气候宜人，等等。其实，打开历史地图即可明白，这鄄城在许都东北六百里，在邺城的东南三百里，距曹操远而距袁绍近，相差足有一倍之多。若移都鄄城，那么近水楼台先得月，袁绍也可分享"挟天子以令诸侯"的好处了，而且比曹操更加近便。曹操听了说客之言，心想你袁本初大概以为我是傻瓜么？立即断然拒绝。北面的军事，南面的外交，两处均无建树，你说袁绍怎么会有欣赏春色的好兴致呢？

正愁闷间，忽有一位心腹谋士前来求见。袁绍命人领入后园，这位谋士我们已经熟悉，即是当初随同沮授劝说袁绍奉迎汉献帝的田丰。

田丰一入座，便向袁绍建议道："移都鄄城之计，曹操既然不遵从，则应及早出兵许都，奉迎天子，然后动辄以天子诏书号令海内，此计之上者。不然，终将被人擒制，届时虽悔无及！"

其实，袁绍心中也曾转过同样的念头，即从北面收回兵锋，突然袭取许县，把天子从曹操手中夺过来。但是，对他而言，主意一旦由他人口中先行说出，再高明的主意也都变得平淡无奇了。加之田丰为了加重分量，又说了"终将被人擒制，届时虽悔无及"的刺耳话语，更加挫伤了袁绍那由极度自卑转化而来的极度自傲心态。于是，袁绍大摇其头，表示对田丰之言很不欣赏。田丰其人，性格很耿直，说话很直率。他总以为事主之道，必须尽忠竭智，故而凡事必把利害剖析明白，直言无隐，也不管这些话语是否逆耳。他只有碰到像曹操那样善于接受奇谋秘策的主子，才有施展才能的空间。可惜他恰恰碰到了一个外表宽容大度，而内心却非常狭隘的主子，所以每次献谋进计，都以碰壁而告终。田丰对袁绍的心态也很清楚，但他既不知难而缄口，更不另择佳木而栖身，反倒愈碰壁愈进忠言，后来竟以此招致了杀身之祸。袁绍后来何以会败在曹操手里，其原因由此也可见一端。

袁绍拒绝了田丰之计，放过曹操，继续进攻公孙瓒。这一攻，又攻了大半年。当年年底，天寒地冻，朔风卷雪，袁军受阻于易京之下，疲劳饥寒，痛苦不堪。但是在这大半年间，曹操在军事上却大有斩获。五月，他大败张绣于穰县；十二月，又擒杀吕布于徐州。袁绍给他的这段宝贵自由时间，曹操算是充分加以利用，毫不浪费了。

消息传到邺城，袁绍内心深处不免有几分失悔。到了这时，他才决定从北方收回兵锋，以便专力对付南面的曹操。于是，他写了一封书信与公孙瓒，建议双方"释憾除嫌，敦我旧好"。如果你有心求和，那么这封书信的措辞就该委婉一点。然而在长约千言的信中，袁绍却以居高临下的口气，把对方以往的种种"过失"痛加数落了一番，使得申好之书信，犹如讨伐之檄文。公孙瓒本是性格倔强之人，哪里会甘心受你的数落而又与你修好呢？当下公孙瓒即加强军事部署，摆出一副与袁绍决战到底的模样，作为对来信的回答。他还向首席幕僚关靖说道："当今天下群雄逐鹿，有如猛虎相争，谁又能安然在我易京之下屯兵三年五载呢？袁本初呀袁本初，看你能把我怎么样！"

公孙瓒不肯释憾休兵，袁绍便面临三种选择：一是自己单方面撤军。但是这样就等于公开宣布：新任的大将军在用兵上实在无能。对此，袁绍万难接受。二是维持现状，继续对战。而连年战斗的结果，证明目前投入的兵力根本不能吞灭公孙，徒然耗费人力物力而已，所以这也不能采用。余下的一种, 即是成倍增加兵力, 以求短期之内攻克易京, 一举消灭公孙瓒势力。袁绍考虑再三, 决心采用最后一种选择, 冒险一搏。当年年底, 他亲自率领数万援军, 随带大批粮草军器, 冒着漫天风雪奔赴易京驰援, 开始了一场血与火的大决战。

投入兵力陡然增加到十万之众, 粮食、衣物及武器又得到充足的补充, 加之主帅又亲冒风雪至前线督战, 所以袁军的士气迅速高涨起来。袁绍指挥部队, 对易京的外围据点实行分割包围、渐次拔除的战术, 收效显著。而公孙瓒安坐在高楼之上, 远远望见部下营垒被攻下也不援救, 他对此作出解释说: "如果出兵救援, 则此后被围攻者仗恃将有援兵, 必不肯力战到底, 所以不能出兵解救!"

殊不知公孙瓒的这一办法, 反而促使部下不肯出力死战。他们自度不能独力抗御敌军, 又知道无论如何也盼不到救兵, 便干脆举手投降, 或者趁乱逃遁。易京的外围防线, 迅速开始瓦解。

建安三年 (198 年) 岁暮, 袁绍的大军清除了易京外围的分散据点, 开始逼近最外面的第一重堑壕。公孙瓒在高楼顶端, 望见四周都是袁军的旌旗飘舞, 自己已经处于重重包围之中, 不免心中有些发慌。他连忙派遣儿子公孙续, 带上自己的亲笔书信，突围前往黑山军首领张燕处求救。同时，又准备放弃困守高楼的战略，实施新的猛虎掏心式方案，即集中全部铁甲骑兵，兼程南下，直取八百里外的袁绍老巢邺城。其实，此时此刻，这种放弃自家老窝而猛攻对方老窝的办法，是唯一能够起死还生之策。可惜的是，当公孙瓒正要下令集中兵马之际，首席幕僚关靖却站出来劝阻道："今将军部属，士气已散。其所以还能合力坚守者，不过是因为依恋其家庭老小才会聚于将军麾下而已。再坚守一时，袁绍或可自退；如果将军自出，群龙无首，易京之危，立待而至。失易京则失本根，将军孤悬于草野之上，还能成什么大事啊！"

天下之事，成败得失往往系于一念之间。本来下决心孤注一掷的公孙瓒，听了关靖之言，觉得也有道理，便把南下奔袭邺城的计划放弃了。这一放弃，他就走上了绝路。

公孙瓒漏过了战机，袁绍却紧抓住机会不放。趁对方士气瓦解之际，袁绍挥军突破堑壕，开始进攻一座座屯兵的高楼。从地面仰攻高楼不利，袁军便发明一种全新的攻楼战术。他们以少数兵力在地面用高梯发起进攻，以牵制敌人注意，而大部分兵力则从现成的堑壕之中，挖掘地道，直通高楼之下。他们把高楼之下的地基逐渐挖空，而每挖出一块小空间，即用木柱把顶部的土层顶住。待到楼下的基础挖空到一大半的时候，即从地道中撤出全部人员，然后放火焚烧所有支撑顶部土层的木柱。此刻，袁军之中即鼓角齐鸣，惊天动地。不多时，木柱焚毁，顶部土层支持不住地面高楼的重量，猛然塌陷，地面的高楼随之倾倒在地。楼内的人员非死即伤，根本用不着袁军再攻击即完全失去战斗能力。眼看着一座座高楼轰然倾颓，袁军将士兴奋异常，一面呐喊，一面更加起劲地挖掘地道。公孙瓒见势不好，连忙收聚外面高楼中的兵力，集中到最里面的三重堑壕之内，立营固守，等待外援。

建安四年（199年）春天，黑山军头领张燕，率军十万，在公孙续的向导下，分三路援救易京。在袁军的猛烈阻击之下，这三路救兵都被阻滞于易京之外，无法与包围圈内的公孙瓒会兵合势。眼看袁军逐步进迫，自己生命危在旦夕，公孙瓒匆忙草成书信一封，差遣几位敢死勇士突围而出，送与儿子公孙续。不想送信人中途被袁军活捉，这封密信也就送到袁绍的手中。袁绍展开一看，只见上面写道：

> 昔周末丧乱，僵尸蔽地，以意而推，犹为否也，不图今日亲当其锋！袁氏之攻，状若鬼神，梯冲舞吾楼上，鼓角鸣于地中，日穷月急，不遑

启处。鸟厄归人，漓水陵高，汝当碎首于张燕，
驰骤以告急。父子天性，不言而动。且厉五千铁
骑于北隰之中，起火为应，吾当自内出，奋扬威
武，决命于斯。不然，吾亡之后，天下虽广，不
容汝足矣！

　　袁绍阅毕，不由得心中大喜。他想：你公孙瓒要给我来
一个内外夹攻，那么我就给你来一个将计就计。于是，在书
信上约定的那天夜晚，袁绍便命人在所谓的"北隰"，也就是
易京北面的原野之上放起火来。公孙瓒望见远方火起，立即
集中残余兵力，奋力向外突围。这一突，正好突入袁绍预先
布置好的口袋阵和埋伏圈中。

　　两军立刻在暗夜之中展开一场混战。刀剑相击声，兵士
呐喊声，战马长嘶声，以及战鼓咚咚声，回荡在天地之间，
令人振奋，也令人胆寒。袁军早有准备，自然占据上风，而
公孙军猝不及防，顿时队形大乱。公孙瓒本人在其白马卫队
的掩护下，走在全军的后面。一听见前锋部队的惊叫声，他
就知道大事不好，立即命令卫队调转马头杀回易京。此时袁
军已开始截断后路，开始合围，一阵血战之后，公孙瓒终于
率残部逃脱。这一战，公孙瓒全军元气几乎耗尽，他回到易

京之后，只得收合余众，退守到自己所居住的圆形中心最高楼，也就是所谓的"中京"，拼死固守。

次日，袁军踏过铺满人马尸体的原野，如潮水一般涌至中京之下。他们一面用云梯登楼，一面挖掘地道，准备对易京第一高楼施用其特殊的倾楼术。此时，袁绍立马于不远的一处高地之上，傲然望着这易京之战的最后一幕。他知道，自己已经稳操胜券了。

困守孤楼之上的公孙瓒，也知道此役必将以自己彻底失败而告终。他不愿被袁绍生擒活捉，更不愿意自己的姐妹妻女成为袁绍的战利品。于是，他命令侍从卫士，把自己的亲人家属全部用绳勒死，然后引火烧楼以自焚。高楼火起，他的侍卫不想与之同死，纷纷下楼逃命。早有那一心抢功的袁军兵士，一阵风似的奔上中京最高处，手起刀落，把公孙瓒的头颅砍了下来，向袁绍报捷去也。

不多时，公孙瓒的首级便送到袁绍面前。望着仇敌那血淋淋的头颅，他的心中便浮现出八年来自己与这位强敌反复鏖兵的往事，继而又想起当初自己从韩馥手里夺取冀州时，还依靠此人助以一臂之力，不禁生出一缕恻隐之心，想把公孙瓒的遗骸就地以礼安葬。但是，这一缕恻隐之心很快就消失了，他不能放过向天下人，特别是向劲敌曹操炫耀自己赫赫武功的机会。于是，袁绍立即命人写了一封名为向汉献帝报捷，实际上却是向曹操显示自己肌肉力量的表章，连同公孙瓒的头颅一起，派专使送往许都。

送走了公孙瓒的头颅，袁绍立即着手安排幽州的政务。幽州刺史之职，由袁绍次子袁熙出任，并配以一批干练的助手。幽州地跨塞外，缘边皆有少数族聚居。当时力量最为强盛的少数族，当数乌桓。乌桓的首领蹋顿、难楼、苏仆延和乌延等，曾经帮助过公孙瓒。袁绍不咎既往，皆以天子名义封他们为"单于"，并赐以印绶及大量礼物，以安其心，从此乌桓便改弦更张，支持袁氏。

幽州局势大定，袁绍动身南下回返邺城。袁绍南归之日，正是曹操接到公孙瓒的头颅之时。用后来曹操自己回忆此事的话来说，当时他的心情是"自视忽然"，也就是自觉逊色、若有所失之意。可见袁绍吞灭强敌公孙瓒，使得曹操也产生了强烈的失落感了。

曹操在上年十二月擒杀吕布于徐州之后，即有心趁袁绍大举进攻易京之际，举兵袭击其大本营邺城。他曾派遣使者向公孙瓒送去书信，说是朝廷将派兵援助，同时又调兵遣将，准备强渡黄河突入冀州。可惜他的行动略微迟缓了一点，曹操大军还未踏上冀州地界，公孙瓒的头颅倒先送到了许都，你说曹操怎么不感到"自视忽然"呢？

袁绍雄踞河北的四州之地，虎视中原。于是，袁绍和曹操这两位逐鹿群雄之中实力最为强劲的人物，展开了一场确定此后历史发展大格局和大走向的大决战。这正是：

曹吞吕布舒心日，袁灭公孙得意时。

要想知道灭了公孙的袁绍，与吞了吕布的曹操，在中原大地演出了一出甚么样的双雄大决战，请看下文分解。

第十三章
兴师攻许

　　话说建安四年（199年）仲夏五月前后，袁绍自幽州回到邺城。此次易京大捷，使他的头脑热得昏昏然。结果导致他在还未对曹操采取军事行动之前，竟然先就做了一枕皇帝美梦。

　　袁绍刚刚回到邺城，就接到其异母老弟袁术送来的一封书信。袁绍深感意外，因为他们两兄弟反目已久，早已断绝了往来。他打开书信一看，只见上面写道：

　　　禄去汉室久矣，天子提挈，政在家门。豪雄

角逐，分割疆宇。此与周末七国无异，唯强者兼
之耳。袁氏受命当王，符瑞炳然。今君拥有四州，
人户百万，以强则莫与争大，以位则无所比高。
曹操虽欲扶衰拯弱，安能续绝命、救已灭乎？谨
归天命，君其兴之！

大意是说，汉家皇朝早就名存实亡，如今群雄割据，局
面与战国七雄相争毫无二致，只有强者才能兼并天下。我们
袁氏家族应当承受天命当帝王，各种吉祥征兆早都显示得清
清楚楚。现今尊兄拥有四州之地，人口上百万，实力最强，
地位最高。曹操虽然有心扶助汉室，哪里能够挽救汉室已经
濒临灭绝的命运啊？所以现在我谨将天命归于您，请您兴立
一个新皇朝吧！

看罢来信，袁绍胸中猛然激起一阵狂喜的心潮，以至于
捧信的双手亦颤动起来。欲知袁绍何以会如此兴奋，不能不
把袁术送来此信的来由先作介绍。

当初袁绍发动关东州郡起兵讨伐董卓，袁术也以后将军
的身份在荆州的南阳郡（治所在今河南省南阳市）起兵响应。
不过，由于南阳位于洛阳的正南方，与屯兵洛阳东面酸枣县、
河内郡这两处的联军，都距离甚远，故而袁术实际上是孤军

行动。其后，因袁绍出兵夺占袁术部将孙坚的防地，而袁术又不赞成袁绍拥立刘虞为帝的建议，两兄弟之间遂开始出现矛盾。袁术对起兵州郡大多都支持袁绍深为不满，公开说"群竖不吾从，而从吾家奴乎"，又与公孙瓒去信，说袁绍没有资格当袁家儿子。袁绍得知袁术在揭他生母是微贱女奴的老底，不禁恨之入骨，便会同曹操攻打袁术，打得袁术节节败逃，只好躲到扬州的淮南一带安身。

到了这步田地，袁术还想过一过皇帝瘾。恰好其部将孙坚又从洛阳得到了汉朝的传国玉玺，更刺激起他的勃勃野心。建安二年（197 年）春，袁术不顾部属的纷纷反对，在寿春（今安徽省寿县）城中称帝登基，建置百官，郊祀天地，修造宫殿，堂而皇之地当起天子来。可惜称帝还不到两年，即因挥霍浪费和天旱岁荒，弄得仓库空乏，士卒离散，不能自立。无可奈何之中，袁术只好亲自写了上面这封书信，意思是要恭恭敬敬把皇帝的称号转送给家兄袁绍，如果袁绍欣然受纳，袁术就将带上传国玉玺及一家老小，取道徐州和青州，前来投靠过去被他骂作"家奴"的兄长，然后了此残生。

骄傲之心正处于巅峰状态的袁绍，一听见有人要奉送皇帝称号和传国玉玺，岂有不兴奋之理？他立刻派出使者到青州，命令长子袁谭火速组织轻骑南下，去迎接叔父袁术一行和传国玉玺前来邺城。同时，又开始在邺城制造舆论，以便为称帝之事预作准备。

当时袁绍手下有一幕僚，姓耿名苞。此人说谋略无谋略，说干才无干才，唯靠阿谀奉承讨得主人欢心。用现今的话来说，完全是马屁精一个。他发觉袁绍自消灭公孙瓒后，对许都天子的常规进贡致敬突然中断，便猜到袁绍的内心，于是便不时用言语暗示主子应当考虑非常大事。现今袁绍要制造称帝的舆论，自然不能由自己出面而要由他人代言。这个代言人，袁绍马上就选定了早就在向自己示意的耿苞。

于是，在袁绍授意之下，耿苞很快写了一份劝说袁绍称帝的书面报告，其中关键性的语句说道：

赤德衰尽，袁为黄胤，宜顺天意。

意思是说，对应汉朝的赤德衰尽，主公袁氏家族乃是黄德的后代，理当顺应天意，称帝建立新皇朝。

此处的"赤德"和"黄胤"，究竟是什么含义呢？原来，秦汉以来，人们相信一种被称为"五德终始"的政治文化理论，这是以木、火、土、金、水五行相生的顺序，来附会解释皇朝命运彼此兴替的玩意儿。汉朝对应火德，而火是赤色，所以刘邦被称作"赤帝子"。火生土，则代汉而兴的皇朝对应土德。由于土是黄色，故而新皇朝的建立者，应当是对应黄德者的后裔。二袁兄弟的袁氏家族，据说是古代帝王虞舜的子孙，而虞舜的王朝，对应的正是黄德或土德。所以此处的"赤德"，就是汉朝的代称，而所谓的"黄胤"，就是指虞舜的后裔袁绍家族了。

耿苞的报告送上来后，袁绍马上交付给大将军府的文武僚属传阅。而他本人则不动声色，静观众人的反应如何。

袁绍之所以要先试探人心，这和当时的特殊社会背景密切相关。东汉光武帝以来，大力弘扬儒术，士大夫颇重名节，所谓"以仁心为己任，虽道远而弥厉"。特别是党锢名士出现后，情况更是如此。加之西汉末年王莽以权臣代汉称帝，最后弄得身败名裂，因此士大夫中对于忠心王室的品格相当重视。你要想当皇帝，总得有人拥戴才当得长久，这就不能不预先考虑人心的向背问题。此前的袁术，就是没有考虑人心能否承受，结果只当了两年皇帝就狼狈收场。其后曹操芟夷群雄统一北方，功业巍巍，却坚持要学习周文王"三分天下有其二，犹服事殷"，宁愿把皇帝让给儿子曹丕去做，也不自己贸然去当，其所顾忌者也正是人心，尤其是士大夫集团的舆论。老弟已经在这个问题上栽了大跟斗，袁绍尽管骄傲自大，却也不敢孟浪行事，所以他要先放出试探性的气球，观察观察舆论的反应如何。

令袁绍暗吃一惊的是，尽管此事明显是有自己介入的背景，但是府署的文武僚属，依然一致表示反对。理由很简单，这样做有乖袁绍起兵匡扶汉室的初衷，将严重损害其清名令誉和宏图大业。众人还一致指责耿苞，说他以妖言妄语来迷惑大将军，罪不容诛。袁绍很是尴尬，进退两难。就在这时，青州的袁谭派人前来禀报，说是曹操得知袁术要北上，立刻派兵到徐州去堵截，袁术北上不成，已转回淮南去了。皇帝的称号，传国的玉玺，两者都没有拿到手，那么这方面的舆论试探也就失去了意义。于是乎，袁绍把牙关一咬，命令推出耿苞斩首示众，以表明自己对汉室的忠贞不渝。他的一枕皇帝美梦，至此方被惊醒。而枉死城的怨鬼中，又添了一个马屁精耿苞。

自己之所以当不成皇帝，就是因为许都还有一个傀儡天子，所以袁绍杀了耿苞，掉头就想找汉献帝和曹操出气。他传令召集全体僚属，宣布自己的决定：立即进行军事动员，准备大举进攻许都！

这一决定马上引发了激烈的争论，人们随之分为反对和赞成两派。反对派以沮授为首，以外还有田丰、崔琰等一批头脑冷静清晰的谋臣。沮授率先发言道："最近讨伐公孙瓒，军队长期在外，百姓疲敝，仓库空耗，赋役繁重，情况令人深感忧虑，所以近期之内不宜大举兴兵。为今之计，宜先遣使贡献天子，同时息民务农，蓄积力量。如果贡献不通，就能以曹操无理阻隔我们为由，起兵讨伐之。而对曹氏用兵，亦不宜决成败于一战，而应采取疲敌之术。即以重兵屯驻大河（指黄河）北岸之黎阳（今河南省浚县东），对敌方腹心之地形成威胁态势。然后分遣精锐骑兵多股，不断骚扰其边境，令其顾此失彼，不得安息。待其精力极度疲乏之时，再以大军直捣其腹心，必可一举歼之！"

平心而论，沮授所说的乃是万全必胜之法。当时袁绍据有四州之地，而曹操还不到两个州。袁绍处于河北，除南面的曹操外，东、北、西三面皆无严重的外来威胁。而曹操处于中原四战之地，除北面的袁绍外，东面的刘备，南面的刘表和张绣，都是强劲的敌对势力。因此，要是袁绍真的和曹操打起持久的疲劳战来，结果肯定对曹操不利。后来诸葛亮也是懂得弱者和强者不能打持久性疲劳战的道理，所以一再出兵北伐，邀敌决战。但是，袁绍手下的谋士中，不少人被前不久的易京大捷冲昏了头脑，认为也可以用速决战来消灭曹操，其代表即是郭图和审配。当下二人便提出与沮授截然相反的看法，说道："兵书有云：力量十倍于敌则围之，力量五倍于敌则攻之，力量与敌相当则可与之交战。今以明公之神武，统河朔之强众，伐曹氏易如反掌。今不及时攻取，令其坐大，此后即难以对付了！"

袁绍觉得郭图、审配之言很是受听，连连点头。沮授见了，连忙再度进言道："古人亦有云：救乱诛暴，谓之义兵；恃众凭强，谓之骄兵；义兵无敌，骄兵必败。今曹操奉迎天子，安宫许都，我若举兵相向，即违大义。而且决定胜负之因素，也不单在力量对比的强弱之上。曹操法令严明，士卒精练，更非坐守受攻之公孙瓒可比。现今抛弃万全必胜之策，出动没有正当名义的大军，不禁要为主公担忧不已！"

不难看出：沮授是一位很有政治头脑的谋士，他并不单纯从军事角度来考虑对付曹操的战略，而是能够从政治角度来考虑怎么做到师出有名。既然如上所言，当时的士大夫集团看重名节，那么这样的考虑就不无道理。但是，恰恰因为他考虑到了出师的有名与无名问题，袁绍反而不能接受他的建议了。因为目空一切的袁绍，岂有自认为师出无名的可能呢？于是，郭图、审配马上从这一点上进行反驳道："武王以臣伐纣，未闻后世言其不义；则今日加兵于曹操，何谓之师出无名！明公今日将士精勇，斗志高昂，如果不能及早奠定大业，正是所谓'天与不取，反受其咎'。应当深思昔日越国何以称霸，吴国何以灭亡。监军之计，务求稳妥，可惜未能洞识机变啊！"

此处所谓的"监军"，是指沮授。当时袁绍麾下的兵马，共分为上、中、下三军，而沮授以监军身份督察全军将领，实权颇大。郭图其人心胸狭隘，对沮授手握重权十分眼红。他之所以与沮授意见针锋相对，其间正含有个人不满的因素在内。这一场争论，最后以袁绍表示完全赞同郭图、审配的意见为结束。郭图借着胜势，在散会之后又独自密见袁绍，攻击诋毁沮授道："沮授监统内外，威震三军，若其羽翼丰满，何以制之？臣从主则昌，主从臣则亡，此《黄石公兵书》所言之大忌也。再者，授统兵于外，则不宜再内参机密了！"

沮授本非袁绍旧部，而是韩馥让出冀州时，从韩馥手下转投袁绍的。郭图这一番谗言，进得恰到好处，弄得一向信任重用沮授的袁绍，也不禁疑神疑鬼起来。他暗自考虑，准备撤销监军一职而改设都督三人，每人督察一军，三个都督分别由沮授、郭图、淳于琼三人担任，以分沮授之权。

这是建安四年（199 年）初秋，袁绍正式宣布，分设三都督，分别督察上、中、下三军。同时下达了正式的军事动员令：征调精锐步兵十万，骑兵一万，军事物资多种，一俟备战工作完成，即大举南下进攻许都。顿时，巨大的战争机器又隆隆开动，邺城内外一片紧张气氛。

消息传到七百里外的许都（今河南省许昌市东），造成的紧张气氛就比邺城严重得多了。不要说平民百姓，就是久经沙场征战的曹军将领们也都感到情况不妙，认为绝对敌不过雄踞四州的袁本初。曹操自己心中也无取胜的把握，不过他仍然强自镇静，并且立即开始安定人心。他再三向部下分析形势道："我最了解袁绍之为人，其人志大而智小，色厉而胆薄，忌克而少威，兵多而分划不明，将骄而政令不一，土地虽广，粮食虽丰，正好作为献给我的厚礼！"

不过，他这一番演说，并不能完全扫除人们心头的疑惧。因为近几年袁绍的势力迅速扩张，这是确凿的事实。果真如你所言，他竟一无是处，那么他又怎么能兼并河北四州之地呢？所以就在曹操做了安定人心的演说后，曾经出使邺城授予袁绍大将军职位的孔融，就私下对人说道："袁本初地广兵强；田丰、许攸，智计之士也，为之谋；审配、逢纪，尽忠之臣也，任其事；颜良、文丑，勇冠三军，统其兵。恐怕难以克此强敌啊！"

在这种情况下，曹操认为有必要采取实际行动，来表明他确实不怕袁绍。仲秋八月，秋高气爽之时，曹操亲率精兵北上，渡过黄河，在冀州魏郡的黎阳县（今河南省浚县东）境内登陆。这黎阳是冀州最南端的一个县，该县的南界即是滔滔黄河。从冀州通往中原，或从中原通往冀州，当时多取道黎阳。黎阳县城位于黄河北岸，北距邺城不过二百里。因此，黎阳既是冀州的水陆要津，又是邺城的南门锁钥。曹操抢在对方尚未动手之前，先打到对手家门口去耀武扬威一番，这就等于向部属及天下人宣布：我曹操何惧袁绍哉！

当然，曹操也不敢在黎阳地界上久留。他在黎阳停留数日后，即令随来的大将臧霸，统领精兵数千，沿黄河而下，前往青州（主要地域在今山东省），防备袁绍的长子青州刺史袁谭从东方侧击自己。又令名将于禁，率领水军数千及战船数百艘，以黄河上的重要渡口延津（今河南省延津县北）为据点，往来巡游于黄河之上，构成防御袁绍正面进攻许都的第一道防线。分兵布置既毕，曹操立即回返许都。

曹操此行的收获不小。首先当然是基本上稳定了军心。但是还有很重要的一点，就是通过实地的勘查比较，选定了与袁军抗衡的主战场。这一处中原双雄生死对决的主战场，就是著称于后世的官渡（今河南省中牟县东北）。

当时的官渡，是司隶校尉部河南尹中牟县境内的一处黄河渡口。前面已经提到，东汉时全国的正式行政区，分为十三州部，每州置刺史或州牧一人。而首都洛阳所在的州，特称为"司隶校尉部"，其长官为司隶校尉。司隶校尉部，下辖七个郡。其中首都洛阳所在的郡，又特称为"河南尹"。中牟县在河南尹的东部，县北十余里，有著名的鸿沟水，由西向东缓缓流过。鸿沟水曾名官渡水，而官渡就在这官渡水的北岸旁，因水而得名。

曹操之所以选定官渡作为抗击袁军的主战场，最主要的原因，是此处的地理位置最为适中。官渡位于许都的正北三百里不到，而延津又在官渡的北面一百余里。如果说，在延津的于禁军队，组成了第一道正面防线的话，那么在官渡布置第二道重点防线，就是最佳的选择了。

曹操亲自跑到家门口来耀武扬威，袁绍岂能漠然视之？于是，他下令加快备战练兵的步伐，决心给气焰嚣张的曹操以毁灭性的打击。在大兵未动之时，他又派出特使，四处争取外援，结交盟友。曹操当然也不示弱，针对袁绍的外交攻势给以强劲反击。双方在大打出手之前，先显露了一番纵横捭阖的外交好手段。这正是：

武打开场先序幕，外交手段看如何。

要想知道袁绍与曹操究竟怎样各自施展外交手段，为正式出兵对决争取有利的形势，请看下文分解。

第十四章

纵横捭阖

前面说过，袁、曹两方当时所面临的周边形势大不相同。袁绍的东、北、西三面无忧，只需考虑如何向南进攻曹操。而曹操则处于四战之地，除了北面的袁绍外，还要顾及其他三面虎视眈眈的强劲对手。正因为如此，所以袁、曹两方施展纵横捭阖外交手段的场所，就集中在曹操的西、南、东三面。具体说来，就是其西面的关中，南面的荆州和豫州汝南郡，以及东面的徐州。

关中，即今陕西省中部，是曹操最先下手争取的地区，而且获得完全的成功。当时的关中，简直就是一批骄兵悍将的练兵场。自西面凉州而来的军阀马腾、韩遂等人，各拥强兵，彼此争斗，不服朝廷节制。得知袁绍与曹操即将一决雌雄，关中诸将莫不采取中立观望的态度，随时准备倒向胜利者，也随时准备扑向失败者，以便分食一杯羹。这种情况显然对曹操不利，因为关中就在曹操的侧翼，而距袁绍尚远。史称曹操当时"以关右为忧"，也就是以关中局势为忧虑，这的确是事实。为了安定和争取关中的武装势力，曹操特别派遣了一位干员名叫锺繇，以侍中兼司隶校尉的身份，手持节杖驻守于许都与关中之间的要地弘农县（今河南省灵宝市北），以便督察关中诸军。又为了使锺繇能够有权应付突然的变化，曹操专门授予锺繇"不拘科制"的特权，意思是可以不按常规办事的审批程序，自己先行处置一切。

锺繇一到弘农，就与马腾、韩遂等人一一送去书信，分析形势，晓以祸福。由于曹操拥有政治上的特殊优势，所以在锺繇的刻意争取之下，关中诸将的立场开始倾向支持曹操，并且每人都派遣自己的亲生儿子一名，前往许都作为人质，以表服从汉室也就是曹氏的忠心。至此，关中的问题基本上得到解决，曹操不仅消除了西顾之忧，而且还从关中得到稀缺的战马两千匹之多。所以他忍不住要写信赞扬锺繇说："关中平定，朝廷无西顾之忧，足下之勋也！"

在争取关中的比赛上，袁绍一方的得分为零，而曹操得了满分。但是，在争取南面的荆州和豫州汝南郡的比赛上，双方各有胜负，可以说是平分秋色。

先说荆州。当时荆州的主要地域，在今湖北、湖南、河南三省。境内主要有两支武装势力，一是驻屯在南郡襄阳县（今湖北省襄阳市襄城区）的荆州牧刘表，二是驻屯在南阳郡穰县（今河南省邓州市）的建忠将军张绣。就实力而言，刘表远比张绣强大。但就对曹操威胁的紧迫性而言，张绣又胜过刘表。这不仅因为张绣已经与曹操结下深仇，此前曹操有一个儿子就死于张绣之手，而且因为张绣驻屯的穰县距离许都极近，若以轻骑奔袭，两个昼夜即可抵达。有鉴于此，袁绍便抢先下手，派人前往穰县拉拢张绣去也。

当时张绣手下有一位非常得力的首席谋臣，姓贾，名诩，字文和，乃凉州武威郡姑臧县（今甘肃省武威市）人氏。由于张绣出自武威郡的祖厉县（今甘肃省会宁县西北），与贾诩有大同乡之谊，而贾诩其人又有满腹谋略，故而张绣对贾诩是言必听，计必从，依之靠之。袁绍知道贾诩是张绣的主心骨，故而在给张绣致函送礼的同时，也给贾诩送去一封情辞恳切的书信，以及一份厚礼。张绣有心与袁绍相结，故而设盛宴招待来使。殊不知酒宴一开始，坐在张绣身边作陪客的贾诩，便朗声先对使者言道："请贵使者回去转达袁本初，我们不敢接受他的好意。他连亲兄弟（指袁术）都不能相容，还容得下我们将军这样的英雄么？"

几句话说得那位使者瞠目结舌，一双夹着山珍海味的筷子停在空中，半天送不进嘴。张绣这位主人家也大感意外，连忙把贾诩拉到一边低声言道："文和为何如此？设若得罪袁本初，我们今后怎么办？"

贾诩立即说出自己早已打定的主意："不如重新投奔曹公！"

张绣心存顾虑，问道："袁强而曹弱，而我又与曹氏有深仇，岂能再去投奔？"

贾诩微微一笑，颇为自信地答道："曹公奉天子以令天下，此为宜从曹公原因之一。袁绍强盛，我们以不多之兵众从之，彼必不看重；而曹公力弱，得我们相助，自然无任欢迎，此为宜从曹公原因之二。凡有王霸之志者，必不永记私怨，如此方可彰显大德于四海，此为宜从曹公原因之三。愿将军释虑勿疑！"

一席话打动了张绣，他立即逐走袁绍的使者，派人前往许都向曹操表示归顺之心。到了建安四年（199 年）十一月，也就是曹操从黎阳回到许都两个月后，张绣带领麾下数千精兵，从穰县来到许都，第二次投降曹操。在此大敌当前之际，曹操表现出了异常弘广的气度。他把杀子之仇抛在一边，也不计较当初自己的右臂曾中对方的利箭，慨然给予重新归顺的张绣以热烈欢迎。大宴之后，又与张绣结为儿女亲家，并且提拔张绣为扬武将军。曹操这一番出彩的笼络手段，把张绣弄得来感激涕零。稍后袁、曹决战于官渡，张绣就拼力死战，立下大功，得以加官晋爵。不过，后来在曹操次子曹丕的逼迫下，张绣仍然未得善终，这是题外的话。

袁绍未能争取到张绣，但却获得了刘表的口头支持。刘表算是袁绍的老盟友了。当初袁绍与公孙瓒两强相争，公孙瓒与袁术拉帮，袁绍便同刘表结派。现今袁绍碰到新的对头，自然不会忽略这位老盟友，所以派出使者到襄阳致意，并请求提供军事上的具体援助，即出兵袭击曹操的后方。刘表一口答应支持袁绍，但是对于出兵袭击曹操后方一事，却一直不肯付诸行动。刘表手下的文武僚属，有不少人劝他归附曹操，刘表坚持不允。在这种情况下，刘表虽然口惠而实不至，对于袁绍而言也算是取得胜利了。

不过，荆州的州牧表示支持袁绍，并不说明荆州的全境都站在袁绍这一边。当时荆州下辖七个郡。其中辖地全部或者大部在长江以北者，有南阳、南郡和江夏（治所分别在今河南省南阳市、湖北省荆州市荆州区、武汉市新洲区），此为荆北三郡。辖地全部在长江以南者，有长沙、桂阳、零陵和武陵（治所分别在今湖南省长沙市、郴州市、永州市、常德市），此为荆南四郡。荆北三郡是随同刘表支持袁绍的。而荆南四郡则在长沙太守张羡的带领下，公开宣布与刘表决裂，归附曹操。刘表大怒，立即出兵镇压，他的后院起火，就更加无法出兵声援袁绍了。

荆州情况如上，袁、曹两家在此互有得分，但以曹方为优。下面再说豫州汝南郡（治所在今河南省平舆县北）的局面。

曹操大本营许都所在的颍川郡（治所在今河南省禹州市），位于豫州的西北部。其西南边界邻接荆州，东南边界毗连汝南。这汝南是豫州的第一大郡，下辖县城三十七座，汉桓帝时在册民户有四十多万，人口二百多万。其所拥有的县城数和人口数，在全国十三州部的一百零五个郡中，赫然名列第二，仅次于荆州的南阳郡。汝南郡的地域面积，约占豫州的一半。因此，汝南的实力，比一个小州也差不了多少。除了地广人多之外，汝南和颍川两郡，又是东汉一朝最出人才的地区之一，名流辈出，长领风骚，以致有"汝、颍之士利如锥"的口碑流传。由于汝南地近许都，实力雄厚，影响巨大，所以袁绍在这里也下了很大的笼络争取功夫。何以见得呢？有以下事实为证。

汝南郡西部边界上有两个小县，即阳安（今河南省驻马店市）、朗陵（今河南省确山县南）。袁、曹对抗一开始，曹操为了防备刘表北攻许都，临时决定划出此二县，新成立一个阳安郡。按照东汉制度，凡是承担紧急军事任务的郡，都暂设都尉一人，以统领指挥本郡的地方军队，任务完成后即予撤销。阳安郡设立后，曹操委派一位名叫李通的将领，来担任阳安郡的都尉。袁绍派人到汝南争取当地军政官员，也没有漏过在偏僻小郡担任都尉的李通。除了致函赠物外，袁绍还给李通带来一件特殊的礼品，这就是一方"征南将军"的印绶。

征南将军属于高级军职，按后来曹魏皇朝的九品官位区分法，被列为第二品。而李通当时的军内职衔，不过是一介裨将军而已。裨将军在各类将军中属于最低的一等，按后来的九品官位区分法只能列入第五品。袁绍把征南将军的印绶奉送给李通，一下子提拔了李通整整三级，他也真正是看得起这位小小的阳安郡都尉了。

不料李通并不领袁绍的这份人情，执意要效忠曹操。他的家属部下流着眼泪劝说道："今汝南诸城，皆随袁氏。我军孤危独守，灭亡就在眼前，愿将军早定大计！"

李通拔剑怒吼道："曹公明哲，必定天下，我死也不生二心！"

于是，李通下令处死袁绍的使者，并将征南将军的印绶呈交给曹操。在争取阳安二县的支持上，袁绍虽然花了大本钱，却未能取得预期的效果。

但是，在汝南郡其余的三十五县中，袁绍却是连连得分，取得了压倒对方的优势。连曹操的次子曹丕后来也承认："昔日袁绍之难，自许、蔡以南，人怀异心。"所谓的"许、蔡以南"，正是指许县、上蔡县（分别在今河南省许昌市东、上蔡县西南）以南的汝南郡其他各县。不仅各县的政府官员纷纷支持袁绍，就连在汝南郡西部境内活动的黄巾军首领刘辟，竟然也宣布追随袁绍攻打曹操。袁绍能在汝南郡掀起反曹旋风，道理很简单，袁氏就是当地最有名的高门望族，汝南郡堪称是袁氏的根基所在。史称袁氏的"门生宾客，布在诸县，拥兵拒守"，这盘根错节的雄厚地方势力，便是袁绍频频得分的根本原因。

比起西面的关中、南面的荆州和汝南郡来，东面徐州（主要地域在今山东、江苏省）的情况变化，显得更富有戏剧性。而造成这种变化的当事者不是别人，即是后来当上蜀汉开国皇帝的刘备刘玄德。

此前的建安三年（198年）十二月，曹操攻破徐州擒杀吕布之后，随即任命车胄为徐州的新刺史，在此镇守。如果没有发生后来的意外事件，徐州将一直属于曹操的势力范围。

但是，第二年的仲夏，刘备来到了徐州，此处的局面突然大变。

刘备，字玄德，乃幽州涿郡涿县（今河北省涿州市）人氏，史籍记载他是汉景帝之子刘胜的后裔。汉灵帝末年黄巾军起事，刘备响应朝廷的号召，自己招兵买马组建军队，协助朝廷进攻黄巾，因为功绩突出而担任冀州中山郡安熹县（今河北省定州市东南）县尉，从此进入官场。关东州郡起兵讨伐董卓以来，刘备曾先后投靠过公孙瓒、陶谦和吕布，后来在吕布的攻逼下，他只得投靠曹操。不久，刘备帮助曹操擒杀吕布，晋升为左将军。曹操此时对他非常尊重优待，史称"出则同舆，坐则同席"，还在饮宴之际称赞刘备说："今天下英雄，唯使君与操耳，袁本初之流，不足挂齿也！"

所谓"使君"，此处系指刘备。汉代的州刺史，本是作为皇帝的特使，到所在州去监察当地行政官员和豪强大族的不法行为，所以当时人们便尊称担任刺史或州牧之人为"使君"。刘备初投曹操时，曹操高兴得马上任命他为豫州牧，故而曹操以"使君"尊称他，由此可见其受到优礼之一斑。

不过，刘备乃人中之杰，岂肯久寄他人篱下？他很快就加入了一个以车骑将军董承为首的秘密政治集团，积极策划暗杀曹操。由于担心泄密招祸，刘备又绞尽脑汁寻找脱身之法。正好当时袁术准备取道徐州去投奔袁绍，曹操决定派遣一员干将去徐州堵截。刘备立即主动请战，一俟曹操应允就马上离开许都东去。待到曹操不久后悔，再派人去追回刘备时，已经来不及了。

与刘备同行的还有一员名叫朱灵的勇将。两人各领麾下数千人马，昼夜兼程，很快就来到当时徐州刺史的治所下邳县（今江苏省邳州市南）。二将抵达下邳不久，逃难的袁术就进入徐州。一番迎头痛击之后，袁术又狼狈逃回淮南的老窝寿春（今安徽省寿县），当年六月即呕血而亡。

阻击任务完成，朱灵自率本部兵马回返许都，而刘备却借故留了下来。等到朱灵离开州界，刘备马上动手杀死刺史车胄，占领徐州，并且宣布反对曹操。徐州的下属郡县得知消息，纷纷倒戈脱离曹操，支持刘备。刘备的兵马陡然扩张到数万之众，气象之兴旺，与当初他四处寄人篱下时的可怜模样是有天渊之别了。

徐州易主，气坏了曹操，乐坏了袁绍。因为刘备手下的重要幕僚孙乾，此时衔命来到邺城，主动要求与袁绍结盟修好，袁绍自然喜出望外。

按理说，刘备也当属于袁绍的冤家对头。因为刘备早年曾与公孙瓒一同受学于经学大师卢植的门下，有同窗之谊。后来刘备投靠公孙瓒，曾为师兄出死力打过袁绍。正因为对袁作战有功，所以公孙瓒先后提拔刘备出任平原县（今山东省平原县南）的县令，以及平原国（治所就在平原县）的国相。按照汉代制度，凡是某一郡封给某位皇室亲王作为其封地时，此郡即改称为"国"，其郡太守也随之改称为"国相"。刘备出任青州平原国的国相，等于是当了平原郡的太守。汉代的郡太守属于高级官员之列，其地位仅次于三公和九卿。刘备得任此等显职，还是他进入官场以来的头一遭，所以就任以后更加卖力为师兄公孙瓒抵抗袁绍。后来刘备改投曹操，又曾为之认真阻截袁术。若非刘备在徐州断路，袁绍便很可能得到朝思暮想的皇帝头衔和传国玉玺了。凡此种种，都是平素袁绍说起来就忍不住咬牙切齿的往事。

但是，现今的情况不同了，大敌当前，种种宿怨旧恨，都可以一笔勾销。此时此刻的袁绍，其胸襟气度突然表现得极为弘广，完全可以与第二次接纳张绣来降的曹操相比了。他热情接待了刘备的特使孙乾，立刻同意两家结盟修好，共抗曹操。为了表示诚意，袁绍又抽调麾下一支精锐的骑兵，随孙乾回返徐州，以帮助骑兵力量不足的刘备作战。至此，东方的徐州，便从曹操手里转到了袁绍阵营之中，袁绍得了满分。

以上所述，即是迄至建安四年（199年）年底之时，袁、曹双方施展纵横捭阖外交手段之后所形成的力量对比大格局：在许都的西面关中和西南面荆州，是曹操一方得势；而在许都的东面徐州和东南面汝南，则是袁绍一方占优。总的说来，双方旗鼓相当，难分伯仲。

不过，袁绍的纵横捭阖手段，不仅施展于许都的外围，而且还施展到了许都的城中。当时，他通过各种渠道，对许都朝廷中的汉朝百官开展攻心战，甚至还对曹操军队中的将领进行分化瓦解。在这方面他所取得的成绩相当不错，许都官员和曹军将领中，都不断有人给他送来密信，表示忠心，呈献诚款。如果把这一点考虑进去，那么袁绍一方纵横捭阖的得分成绩，就还超过了曹操。

为了打破这种略显逊色的状况，建安五年（200年）一开春，曹操便决定对东面徐州的刘备，施行一次快速的毁灭性打击。与此同时，又任命一位名叫满宠的得力干员，担任豫州汝南郡的太守，前往汝南清剿反曹武装势力。袁、曹双方的大决战，首先就从外围开始了预先的热身。

曹操在积极行动，而袁绍却有所麻痹了。在曹操积极行动期间，袁绍并未仿效对方，及时在许都的西面和西南面施展招数。甚至对于曹操在东面和东南面的军事行动，也未能给以有力的反击。结果，东面的徐州重新落到了曹操手里，东南面汝南郡的反曹浪潮也基本上被满宠遏止，基本均衡的外围大格局完全被打破了。

就在当年正月间，曹操亲自领兵奔袭徐州之时，连曹军的将领也无不以为，袁绍将会挥兵南下，乘虚袭击自己的后方，纷纷劝阻曹操不要冒此大险。但是曹操却断然说道："刘备乃人中豪杰，今日不击之，与袁绍决战时将有后患。袁绍志大而见事迟缓，必然不会有所动作的！"

此时，一位从袁绍麾下转投到曹营的杰出谋士郭嘉，也以自己对袁绍的深刻了解，力劝曹操东征刘备。曹操立即亲率精兵数万，风驰电掣一般杀往徐州。刘备猝不及防，一战大败，妻室儿女被俘虏，大将关羽被活捉，他本人侥幸脱逃。曹操扫平徐州之后，马上回转许都。一去一回，外加作战，总共费时还不到一个月。

曹操刚一出兵东征，足智多谋的田丰，便向袁绍建计道："与公争夺天下者，曹操也。今曹操东击刘备，双方一旦交兵，短期之内不能结束。此时如果举兵袭其后方，必可一举成功。用兵之道，贵在见机，现今正是机会呀！"

此时的袁绍，忽然又表现出父子情长而英雄气短的情态来。他以爱妾初生之婴儿患病，自己不能远行为由，拒绝了田丰的建议。把一个性情刚直的田丰，气得来独自在议事厅外连连以手杖猛击地面，并且长叹道："唉，大事去矣！大事去矣！逢此千载难逢之机会，而以黄毛孺子之病错失之，岂不可惜呀，可惜呀！"

婴儿患病而袁绍不愿出兵，这明明白白载于史书之中。但是，细细想来，这恐怕只是一种借口而已。真正的原因，还是在于袁绍狭隘的胸襟和自傲的心态。自从田丰力劝袁绍奉迎天子，否则"终为人所擒，虽悔无益"之后，袁绍就对田丰的直言，有一种下意识的厌恶。事实上，从那时起，对于田丰的意见他就再没有采纳过，哪怕连他自己内心深处觉得是有道理的意见，也一概加以拒绝。成见是可怕的魔鬼，一旦钻入人的心中，就会使人丧失理智，何况还是袁绍这样自高自大的角色。偷袭敌后一举成功，如此高明的主意由他人点破，袁绍已经不好接受，再由讨厌的田丰口中挑明，就更不能指望他会允准了。袁绍之所以把自己的一手好牌，最终打得来稀巴烂，成见太深这种心理上的严重缺陷，就是重要原因之一。

刘备从徐州狼狈逃出，经过青州刺史袁谭的联络，辗转来到冀州，再度开始了他寄人篱下的政治生涯。袁绍得知刘备来归，亲自走出邺城二百里外，热情迎接，以示广揽天下英豪之诚意。但是，这对于已经失去平衡的外围大格局而言，已经没有多大的补益了。这正是：

成见藏心伤理智，外交序幕逊曹操。

要想知道接下来袁绍与曹操在武力上正式开打之后，还会不会逊色于曹操，请看下文分解。

第十五章

首战折将

　　话说建安五年（200 年）正月下旬，曹操得了徐州回到官渡，刘备失了徐州寄身邺城。这时，袁绍那个生命重于许都的小婴儿，大概也病体康复了，所以袁绍正式下达了出动大军的命令，克日起程南下进攻许都。

　　命令下达之前，那位屡次进谏而屡遭拒绝，屡遭拒绝而依然进谏不止的田丰，又拄着手杖去向袁绍进言。他含着眼泪痛切陈辞道："曹操既已击破刘备回军官渡，则许都不再空虚。而且曹操善于用兵，变化无方，其兵力虽少，未可轻视。

为今之计，应当采取持久战略。将军据崇山大河之固，拥北方四州之众，外结英雄，内促农桑，训练战士，然后调集精兵猛将，分作奇兵乘虚骚扰曹操，救左则击其右，救右则击其左，使之疲于奔命，居民不得安然从事劳作。如此不出三年，我未疲劳而彼已困顿，即可坐取成功。今弃必胜之术而决成败于一战，假若发生意外，那就后悔不及了！"

不难看出：田丰所言，正是上文中沮授早已向袁绍进献过的万安必胜之策。这两位袁绍手下最为优秀的谋士，都提出"缓搏"，也就是打持久战，可谓英雄所见略同。此二人说谋略有谋略，说忠诚有忠诚，可惜都有一点小小不足，就是不太注意进言时的方法和技巧。袁绍自视甚高，那么进言时便应考虑到其心理承受的能力，明白说出该怎么办也就够了，像曹操如何善于用兵、不如此则将后悔不及之类可能伤及袁绍自尊的话语，实际上都可以略去不说，这样才有可能取得期望的结果。

谈话的方法和技巧，不是一个小问题。汉末三国人才辈出，而当时能够充分施展自己才略的谋臣，无不注意这一点，哪怕是在从善如流的"明主"手下效劳者也是如此。诸如效忠刘备的诸葛亮，效忠曹操的荀彧、荀攸和郭嘉，效忠孙权的周瑜和鲁肃，他们在向老板进献奇谋良策之时，都极为注意在语言上充分尊重对方。他们总是采用可以怎样怎样，如此行事必定成功之类的正面鼓励性语句，从来不会使用否则就将后悔不及之类的负面警告性措辞。荀彧和荀攸是曹操最为信任的谋臣，而曹操的多疑也非同一般。所以他们不单会注意进献计谋时的语言，而且还会注意进言时的方式。特别突出的是荀攸，史书记载他凡要献策，除非不得已，都采取秘密谈话或上书的办法；而且所谈内容一概对外人严格保密，包括自己的亲属，文字上书则要及时焚毁底稿。这样做的目的，是要尽量淡化自己在其中所起的作用，避免掩盖老板的英明伟大光辉。老板如果采用了自己进献的计谋并获得成功，他们就会把全部功劳归于老板；如果老板不采取自己的计谋并惨遭失败，也不会在众人眼中显得主上的智商比自己低劣。正因为如此，他们的计谋大多都被采纳不说，而他们自己也一直能与曹操保持良好的关系。史书记载荀攸在曹操手下"常谋谟帷幄，时人及子弟莫知其所言"。可惜田丰与沮授恰恰就忽视了这一点。

袁绍再次把田丰的痛切进谏当作耳边风。田丰也再一次陈述己见，而且态度更加强硬，语言更加激烈。袁绍不禁勃然大怒，便以大军临行而有意破坏士气为由，将田丰投入监狱囚禁起来。年高位尊的田丰身陷囹圄，其他谋臣战将也就噤若寒蝉。言论既已统一，袁绍传令：全军立刻开拔，南攻许都！

与此同时，一篇气势充沛而辞采华美的讨伐曹操檄文，也由特使们传送天下州郡。这篇檄文是魏晋散文中的名篇，由"建安七子"之一的文章高手陈琳撰写，要想了解当时声讨文告的高峰水准，不可不读，其辞曰：

盖闻明主图危以制变，忠臣虑难以立权。曩者强秦弱主，赵高执柄，专制朝命，威福由己，终有望夷之祸，污辱至今。及臻吕后，禄、产专政，擅断万机，决事省禁，下陵上替，海内寒心。于是绛侯、朱虚兴咸奋怒，诛夷逆暴，尊立太宗，故能王道兴隆，光明显融，此则大臣立权之明表也。

全文一开头，就引用秦朝末年的赵高、西汉吕后时的吕禄、吕产作为例证，说明一旦皇帝被强臣挟制而国运艰难时，其他大臣可以采取非常手段来清除君侧，维护皇权。这是为自己出兵进攻曹操寻找历史根据。

司空曹操祖父腾，故中常侍，与左悺、徐璜，

并作妖孽，饕餮放横，伤化虐民。父嵩，乞丐携
养，因赃假位，舆金辇璧，输货权门，窃盗鼎司，
倾覆重器。

这一段揭露曹操先世的丑恶老底，祖父曹腾是掌权的宦
官，父亲曹嵩使用重金买到太尉的高官，这是在为下文历数
曹操诸多罪状预先做好铺垫。

操，赘阉遗丑，本无令德，怀狡锋侠，好乱
乐祸。幕府（袁绍自称）昔统鹰扬，扫夷凶逆。
续遇董卓侵官暴国，于是提剑挥鼓，发命东夏。
方收罗英雄，弃瑕录用，故遂与操参咨策略，谓
其鹰犬之才，爪牙可任。至乃愚佻短虑，轻进易
退，伤夷折衄，数丧师徒。幕府辄复分兵命锐，
修完补辑，表行东郡太守，领兖州刺史，被以虎
文，授以偏师，奖蹙威柄，冀获秦师一克之报。
而操遂乘资跋扈，肆行酷烈，割剥元元，残贤害
善。故九江太守边让，英才俊逸，天下知名，以
直言正色，论不阿谄，身首被枭悬之戮，妻孥受
灰灭之咎。自是士林愤痛，民怨弥重，一夫奋臂，

举州同声，故躬破于徐方，地夺于吕布，彷徨东
裔，蹈据无所。幕府惟强干弱枝之义，且不登叛
人之党，故复援旌擐甲，席卷赴征，金鼓响震，
布众破沮，拯其死亡之患，复其方伯之任。是则
幕府无德于兖土之民，而有大造于操也。

这一大段开始声讨曹操本人，开头几句先说其遗传基因
来自宦官的干儿子，本质上就不是什么好东西。接下来历数
袁绍对曹操的种种巨大恩惠，说曹操一开始创业就受到袁绍
的大力提携，让他参与讨伐董卓，他却打了大败仗；袁绍依
然重用他，先后提拔他担任东郡太守、兖州刺史，曹操在任
上却嚣张跋扈，压榨百姓，残害包括卸任九江郡太守边让在
内的好人和贤才，引起兖州人士和民众的极大怨恨，也招到
吕布的猛烈进攻，在危急时刻，又是袁绍出兵击退吕布拯救
了他。整段的言外之意，是说袁绍是曹操的大恩人，因而完
全有权惩治曹操。

　　后会銮驾东返，群虏乱政。时冀州方有北鄙
之警，匪遑离局。故使从事中郎徐勋就发遣操，
使缮修郊庙，翼卫幼主。而便放志专行，胁迁省

禁，卑侮王官，败法乱纪，坐召三台，专制朝政，
爵赏由心，刑戮在口。所爱光五宗，所恶灭三族，
群谈者蒙显诛，腹议者蒙隐戮。道路以目，百僚
钳口，尚书记朝会，公卿充员品而已。

这一段把曹操出兵奉迎汉献帝到许县，说成是受到袁绍
的指示而行事，而曹操却乘机完全控制了朝廷权力，胡作非
为，完全就是罪该万死的大奸臣。

故太尉杨彪，历典三司，享国极位。操因眶
眦，被以非罪，榜楚并兼，五毒俱至，触情放慝，
不顾宪章。又议郎赵彦，忠谏直言，议有可纳，
故圣朝含听，改容加锡。操欲迷夺时明，杜绝言
路，擅收立杀，不俟报闻。又梁孝王，先帝母弟，
坟陵尊显，松柏桑梓，犹宜恭肃，而操率将校吏
士，亲临发掘，破棺裸尸，掠取金宝，至令圣朝
流涕，士民伤怀。又署发丘中郎将、摸金校尉，
所过堕突，无骸不露。身处三公之官，而行桀虏
之态，殄国虐民，毒流人鬼。加其细政苛惨，科
防互设，缯缴充蹊，坑阱塞路，举手挂网罗，动

足蹈机陷，是以兖、豫有无聊之民，帝都有吁嗟
之怨。

这一段具体揭露曹操在许县肆意妄为的种种罪状：囚禁
拷打卸任太尉杨彪；无端残杀直言进谏的议郎赵彦；派人发掘
西汉梁孝王刘武的陵墓以盗取金宝，竟然还专门设置负责发掘
陵墓掠夺殉葬珍宝的官员，叫作发丘中郎将、摸金校尉，弄得
到处都是被抛弃的死者遗骸；又还施行严苛政治，造成民怨沸
腾。整段的言外之意，是说曹操五毒俱全，比秦朝赵高、西汉
吕禄、吕产还要邪恶无道，岂能让他再活在世上逞凶狂！

　　历观古今书籍，所载贪残虐烈无道之臣，于
操为甚。幕府方诘外奸，未及整训，加意含覆，
冀可弥缝。而操豺狼野心，潜苞祸谋，乃欲挠折
栋梁，孤弱汉室，除灭中正，专为枭雄。往岁伐
鼓北征，讨公孙瓒，强御桀逆，拒围一年。操因
其未破，阴交书命，欲托助王师，以相掩袭，故
引兵造河，方舟北济。会其行人发露，瓒亦枭夷，
故使锋芒挫缩，厥图不果。屯据敖仓，阻河为固，
乃欲以螳螂之斧，御隆车之隧。幕府奉汉威灵，

折冲宇宙，长戟百万，胡骑千群，奋中黄、育、获之材，骋良弓劲弩之势。并州越太行，青州涉济、漯，大军泛黄河以角其前，荆州下宛、叶而掎其后，雷震虎步，并集虏庭，若举炎火以焫飞蓬，覆沧海以沃熛炭，有何不灭者哉？

这一段说以前自己忙于讨伐公孙瓒，加之想宽大含容曹操，以观其后效，故而没有动手收拾他。不料曹操反而气焰极度嚣张起来，现今决定动用无比强大的武力去消灭他。

当今汉道陵迟，纲弛纪绝。操以精兵七百，围守宫阙，外称陪卫，内以拘执。惧其篡逆之祸，因斯而作。乃忠臣肝脑涂地之秋，烈士立功之会也，可不勖哉！

最后这段，再次重申自己出兵进攻许县并非以臣伐君，恰好相反，是要防止曹操这个十恶不赦的家伙，趁机弑君篡位。这样一来，自己出兵完全就有充分而正当的理由了。

昭告天下之后，袁绍的十万步兵及一万骑兵即离开邺城，向南进发。一时间，车辚辚，马萧萧，旌旗蔽日，尘埃四起。

　　二月初，马步三军抵达冀州的南大门黎阳城下。袁绍命令主力军团在此立营扎寨，然后派遣一支先头部队渡过黄河，去突破曹军的第一道防线。

　　前面已经说过，曹军的第一道防线是沿着黄河布置的，其防御中心是在延津。在延津的东翼，有与延津呼应的河防重点白马县（今河南省滑县东）。白马在延津的东北一百里，正好与北岸的黎阳城隔河相对。而白马与黎阳之间的渡口，即是著名的白马津。

　　袁绍决定由前锋渡河先攻占白马，斩断延津的东翼。手段是强攻，兵种主要是步兵，指挥官则是袁绍麾下第一员骁将颜良。

　　决定刚一作出，沮授就来劝阻袁绍道："颜将军虽然骁勇，但其气量狭小，不宜让他独当大任。"

　　袁绍自然又是听而不闻。其实沮授之言是有道理的。兵家讲究慎于初战，袁军前锋初攻白马的战绩如何，将影响到全军的士气，确实不宜由一人单独当此重任。但是，真正严重的问题还不在此，而在于袁绍进攻白马的手段实在太单调了。颜良领数千精兵渡河，强攻坚城，而留在北岸的十万大军，便在后面的原地呆呆隔着黄河观战，既不向西佯渡延津以分敌军之势，也不继续遣军渡河以助颜良攻城。似乎颜良一旦渡河，必定踏平白马。"覆沧海以沃熛炭"，这只是檄文中的文学夸饰之辞嘛，袁绍却好像信以为真了。

驻守白马的是曹操任命的东郡太守刘延。刘延率属下两三千人马死守坚城，颜良始终不能得手。一晃两个月过去，白马城头依然未能插上袁军的旗帜。袁绍无奈，只得派谋臣郭图、战将淳于琼，率后续部队渡河支援。

白马形势危急，总兵力只有三四万人的曹操，先采用声东击西之计来解救刘延。他从官渡大模大样地北上延津，摆出要在延津渡过黄河直插敌后的姿态。待袁绍领军前来阻截之后，他却亲自率领一批猛将精兵，急驰上百里，偷袭颜良的侧背。曹军来到白马西南十余里时，袁军才有所察觉。颜良仓促分兵列阵，阻截来敌。不料列阵未毕，曹军的两员先锋已经飞马杀到。这两员先锋官是谁呢？说起他们的姓名，连河北名将颜良也暗中吃了一惊。

在曹操手下数以百计的异姓将领中，曾有五位最为出色的人物，陈寿《三国志》特地将他们的传记合在一卷，就是张辽、乐进、于禁、张郃和徐晃。张郃此时尚在袁绍麾下，不久将改而投奔曹操。刘备手下的将领中，也有五位最为出色的人物，陈寿《三国志》也特地将他们的传记合在一卷，即人们所熟知的关羽、张飞、马超、黄忠和赵云。此番领兵如飞将军从天而降的两员曹军先锋，不是别人，正是曹操五虎上将之冠的张辽，再加上刘备五虎上将之冠的关羽。面对如此厉害的两员虎将之首，颜良就合该倒霉了。

关羽自被曹操俘获而与刘备分开之后，一直想重新回到刘备身边。而曹操却对他极尽优礼，任之为偏将军，企图使之永远为自己效劳。关羽有心立一大功来酬报曹操厚意，然后即可问心无愧地离开。今天得到绝好机会，他岂能让张辽抢了功去？只见他催动胯下宝马，杀入敌阵，径奔颜良而来。正在部署阵势的颜良猝不及防，当时就被关羽刺死于马下。于是袁军大溃，白马之围随之缓解。

此时是初夏四月，河水开始上涨，舟楫渡河相当容易。曹操为了集中兵力，丢掉负担，决定放弃白马，把此处的军民和物资全部向南转移到官渡一带。河对岸的袁绍得知消息，立即命令主力军团由延津渡河，截击由白马向官渡转移的曹操。

在初战失利的情况下，全军立即推过黄河深入敌境，显然是轻率之举。所以沮授马上劝阻道："胜负变化，不可不详加考虑。现今主力仍宜留驻延津，而遣偏师袭击官渡。设若得胜，还迎大军为时未晚。如果举军南下，万一失利，即有全军覆没之危险。"

　　袁绍此时的心态，恰似一个腰缠巨资而又输了第一盘的狂热赌徒。他急于赢回第二局，而且也自认为有强大的实力，不难挽回局面。所以他毫不以沮授之言为然。沮授站在延津渡口，看着一船又一船的战士被送往茫茫南岸，不禁概然长叹道："上级志气骄盈，下级贪立功勋，滔滔黄河呀，我们恐怕是回不来了！"

　　他到了这时，才觉得"良禽择木而栖，良臣择主而仕"的话确实是至理名言。于是他以身患疾病为由，请求辞职告退。袁绍大为不满，立即下令把沮授的兵权削夺，其部众改由郭图统领，而且还不准沮授离开，非要他奉陪自己把仗打完不可。

　　袁绍挥军渡河，于是在延津南岸依傍浅山立营，并在周围构筑壁垒。立营完毕，他自率主力在大营镇守，然后派遣麾下第二员骁将文丑，以及前来投奔的刘备，带领六千骑兵往南，截击从白马方向杀过来的曹操。

　　此时的曹操，正好行至袁军大营以南不远一座浅山的南坡之下。听说袁军铁骑已向自己袭来，他便命令麾下六百骑兵下马休息，静候战机。同时，又令步兵护送运载白马粮草物资的车队启程上路，准备以此作为打乱敌军骑兵队形的诱饵。

文丑和刘备指挥的骑兵，一登上那座浅山的山顶，便看到曹军那上千辆辎重车辆，在南面的坡下缓缓前行。一心想要抢掠战利品的骑兵们，此时也顾不得保持战斗队形，乱纷纷地驱马下坡，直奔车辆而去。藏在隐蔽之处的曹操，见时机已到，立即挥令骑兵跨上战马，以整齐队形从侧背冲向敌军。

袁军又是猝不及防，很快就被人数远少于自己的敌军杀得七零八落。激战之中，袁军指挥官文丑当场阵亡。刘备见势不好，只得收合余众回返大营。

两战两败，连折名将，袁军将士受到极大的震撼。虽然这只是两次前哨战，并未根本改变袁强曹弱的基本态势，但是就极为重要的士气而言，袁军已自衰了。

曹操得胜之后，随即又将延津一带的兵力全部收缩到官渡。曹操每胜一次，即往后收缩兵力一步。其意图相当明显，就是要诱敌深入，把敌方的后勤补给线尽可能地拉长，以便寻找战机击破强敌，同时也使自己的力量更为集中。

按照敌方的意图和步调用兵，必是愚不可及的傻瓜。因此，袁军这时的策略，按理说应当持重不动，抓紧时机进行休整之后再作打算。沮授忍不住又向袁绍进言道："我军人多而勇猛不及对方，对方地狭而粮草储备不及我军，故而对方希望急战，我军应当缓搏。最好持久作战，就能拖垮对方！"

对于"缓搏""持重"之类的言论，袁绍简直已经听厌烦了。他现在一心想做的事，就是掷下一笔更大的赌注，把前两局的损失，包括丢掉的面子，统统都捞回来。于是，他下令全军开拔，跟随曹军的退缩路线南进，一直逼近到官渡北面三十里处的阳武县（今河南省原阳县东南）才稍作停顿。八月，袁绍采取连接各营一齐向前平行推进的办法，逐渐向官渡曹军的大本营逼近。每向前平行推进一段，他们即依傍鸿沟水冲积成的沙丘，构筑一处防御工事。待立足稳定，复又向前平行推进一段。推进时，东西两翼绵延数十里的营寨相互呼应，配合协调。很显然，经过两场败仗后，袁绍虽然拒不接受"缓搏"的大战略方针，但在具体的战术上，已经变得比较谨慎持重，不再采用孤军深入的冒险战法了。

与此同时，他又派遣刘备绕到许都南面的汝南、颍川两郡一带（治所分别在今河南省平舆县东、禹州市），骚扰曹操后方。这实际上是在亡羊补牢，采用田丰此前进献的敌后骚扰战术。曹操立即派遣大将曹仁还击，刘备立足不住，便又撤回到官渡。此时，两军最后决战在即，刘备有心采取远距离旁观，加之关羽又伺机从曹营逃出，复归刘备，故而刘备便自请南至荆州，劝说刘表出兵支持袁绍。袁绍马上应允，刘备便立马率领家属部将离开官渡，南往荆州投靠刘表而去。他这一去，才得以逃脱与袁绍同归于尽的厄运，也才得以与命世大才诸葛孔明相遇，共同开创出蜀汉皇朝鼎立三分的宏图大业。

刘备刚一离开官渡这一危险之地，袁、曹两军的大决战即告开始。这正是：

刘备抽身离险地，任他官渡起风雷。

要想知道袁绍与曹操在官渡的生死大决战，究竟具体战况如何，谁又能成为最后的赢家，请看下文分解。

第十六章

官渡鏖兵

　　袁绍以东西连营并进之法逼近官渡，阵形宏大，气势汹汹，迫使曹操出兵应战。在两军主力直接面对面贴身近战的情况下，兵力比对方多出一倍有余的袁绍，自然要占据优势。因此，这一战的结果，是袁军获胜而曹军失利。

　　曹操知道这种贴近角力的战法对自己不利，赶忙下令收兵还营，然后凭借早已修筑起的坚固壁垒，固守不出，耐心等待有利的战机。

　　时逢九月，序属三秋。潦水尽而寒潭清，烟光凝而暮山紫。逐鹿中原的英雄豪杰，无心欣赏自然界的美妙风光，一心要在血火交锋中寻觅最大的乐趣和刺激。袁绍见曹军坚壁固守，心想你这一套防御系统，未必然还有公孙瓒的易京坚固么？易京尚且被我夷为平地，更不用说你这低矮薄弱的壁垒了！由于有高峻的易京作比较，袁绍对曹营防御工事的第一印象即是"低矮薄弱"。因此，他决定先从敌方壁垒的上空去施加攻击。

于是，袁军迫近曹营，筑起一座座土山，在山顶上用木板围成箭楼，然后用强弩在上发射箭雨。这一着果然厉害，立即射中不少的对方将士，弄得曹营兵将在军营中往来，都只能在头上顶着盾牌。曹操很感被动，连忙召集军中的能工巧匠，赶制出一种霹雳车来。所谓"霹雳车"，乃是一种能够远距离抛射石块的移动性机械，因其抛射出的石块有如霹雳从天而降，故而得名。中国制造发石之车，已有悠久的历史。据一本作者托名范蠡的兵法书籍记载，早在三国以前，即有一种威力巨大的发石车，可以把重量十二斤左右的石块，抛射出三百步的距离。这种发石之车，又称为"砲车"。炮弹之"炮"字，最初的写法是带"石"字偏旁的"砲"，就是因为最早的炮弹就是石头的缘故。曹军的霹雳车一投入使用，从天而降的巨石即把袁军的箭楼一一打得粉碎。至此，袁绍从空中杀伤敌人的手段基本上宣告失效。

空中受阻，于是袁绍改从地下进攻，反正施行地道战，他已经在进攻公孙瓒的易京高楼群中取得了丰富的经验。他下令在多处挖掘地道，从其壁垒的下面通向曹营的中心。不料这一手却是劳而无功，原来曹操察觉对方意图之后，便先在自己的军营内，横向挖掘更深的沟槽。袁军的地道一在深沟的外侧露头，马上遭到曹军自上而下的猛烈打击。所以袁军挖掘的地道虽多，能够通过地道杀入曹营的将士却寥寥无几。袁军所擅长的地道战，在官渡也不灵了。

双方相持将近一个月，曹操一方最先出现力量衰竭的感觉，因为他面临着三大日益严重的困难。

首先是将士疲乏。自从奔袭徐州的刘备开始，激战白马，再战延津，最后退守官渡，一边打仗，一边还要修壁垒，挖深沟，曹军的将士大半年来没有片刻的休养生息机会，无不疲劳之极。曹军的兵力，原本就比对方要少，加之袁军逼近官渡以来，曹军伤亡不断增加，其比例已接近百分之二三十，这就使得余下百分之七八十的官兵，任务更加繁重。人的承受能力总是有限度的，而曹军将士已经接近疲劳的极限。就连曹操本人，也有身心交疲之感，更不用说其他人了。

再就是民心不稳。曹操当时所统治的地盘和人口，还不到袁绍的一半。这就意味着，在曹操治下的老百姓，为了支持这同一场战争，不得不承担双倍以上的租赋和徭役。老百姓走投无路时是要变心的，哪怕你是什么"清平之奸贼，乱世之英雄"也挡不住。由于不堪重负，曹操治下的百姓不断逃亡，前去投奔袁军。民心浮动，势必影响军心，曹操对此深感忧虑不已。

　　但是，真正最紧迫的问题，还是粮食的匮乏。当时曹军所需的粮食，主要来自许都一带的屯田区。建安元年（196年）曹操迎接汉献帝到许县，当年即在许县一带招募百姓屯田，成效非常显著。但是，由于许都屯田的兴办，迄今才只有四个整年，加之近年来许都南面的地区"人怀异心"，即人心浮动，屯田的效果不能不受影响，故而许都所积累的粮食，并不是特别丰富。而近数年中，曹操南攻张绣，东攻吕布和刘备，最后又与袁绍较量，征伐不断，军粮的消耗量相当巨大。这样一来，许都的存粮更不可能有很多。即便许都还有一定数量的存粮，往北运至三百里外的官渡战场亦非易事。当此之时，袁绍不仅在官渡起土山，挖地道，猛攻曹操大营，而且接连派遣精锐骑兵，绕到官渡与许都之间，阻截曹军的粮道。负责曹军粮运的典农中郎将任峻，最后只得采取一种特别的运粮队形，以防敌人的袭击。任峻把每一千辆粮车组成一个大队，行进时分为十行，每行一百辆车，十行队伍并肩向前，两侧及前后皆由武装人员护卫。这样，在受到敌人进攻时，容易收缩反击而且受到的损失较小。不过，十行并进时必需左右照顾，行进速度又大为降低。凡此种种，均使曹军大营中的粮食储备日渐减少。迄至十月为止，曹军的存粮已经只能再支持一个月。一旦数万大军无饭可吃，不难想见那将会是怎样可怕的情景和结果。

上述三大困难，压得雄才大略的曹操也产生了动摇心理。他写信给留守许都的首席谋臣荀彧，说是准备撤军退回许都。荀彧深知，此时此刻一旦撤退，很可能导致全线崩溃的结果，所以他立即回信劝阻曹操道："现今我军粮食虽少，总不会比昔日楚、汉在荥阳、成皋一带相持时的情况更加恶劣吧。当时刘、项双方均不肯先退者，即因为先退者必定失势。明公以弱敌强，扼袁氏之喉，使之不得前进，迄今已达半年之久。若再坚持，情况必定有变化，此乃得失天下之关键性大机会，万万不可放弃啊！"

曹操豁然醒悟，便重新下定决心，在官渡与袁绍周旋到底。曹操终于在这紧要的关头战胜了自我，那么袁绍的情况又是如何呢？

此时的袁绍，依然未能克服从开战以来，一直表现出来的骄傲和固执。结果，在指挥上接连发生两次重大失误，让胜利的机会白白在自己手中悄悄溜掉了。

初冬十月，袁军从冀州方向运来了上万车军粮。车队一过黄河，袁绍即派遣大将淳于琼，率精兵万余人前去迎接。此时沮授又一次进言道："还应派遣蒋奇将军，另率数千人马在粮队的外围不断巡逻，以防曹军突然袭击。"

如果说沮授此前的进言，袁绍都可以置之不理而未立即产生严重后果的话，那么这一次就完全不同了。为什么呢？

原因在于，袁绍和曹操此时的对峙，说到底是一场比赛。比赛什么呢？比赛两种东西：在物质方面是比谁的粮食充足，在精神方面是比谁的意志坚强。粮食，在现在已成为决定胜负的关键。袁绍本人对这一点也是很清楚的，所以他才不断派出骑兵去阻截敌军的许都粮道。而他对自己的粮运本应给予更大的重视，因为就在半个月前，他从冀州调运来的数千车粮食，一过黄河就被曹操派出的突击队拦截，全部焚之一炬，损失极其惨重。当时他也派了一员名叫韩荀的勇将，率领数千精兵沿途护送。但是，粮车的目标究竟太大，数千辆粮车由数千人护送，平均每辆车才一人，敌军是很容易接近的。一旦接近，遭受焚毁即难以避免。有鉴于此，而今沮授才提出上述建议来。淳于琼率万余人护卫上万辆粮车，仍然是每车一人的比例。因此，有必要另遣一支人马，把来犯的敌军拒之于远距离之外，不使他们有靠近粮队放火焚烧的机会。即使有少数敌军突破阻截靠近粮队，淳于琼那万把人也很容易收拾他们，不会对粮队构成什么巨大威胁。可见沮授所言，乃是一种精心考虑的双保险办法，堪称万全之策。

当此之时，曹军的粮食储备只能勉强支撑一个月。假如袁绍采取了沮授之策，把这上万车军粮安全运到了官渡，那么袁军即可取得不战而胜之绝对优势。但是，假如这一大批军粮送不到官渡的话，那么握有不战而胜之优势者就不是袁绍，而是其对手曹操了。

在此决定生死存亡的紧要关头，袁绍依然未能战胜自我和超越自我。他又一次拒绝了沮授的进言。

拒绝沮授的进言还可以用成见来解释，而拒绝许攸的献计，则纯粹是一种罕见的畸形固执和骄傲心态在作怪了。上文已经说过，许攸是袁绍的旧交。十七年前袁绍移居洛阳，开始仿效孟尝君疏财养客起，许攸即同袁绍结为"奔走之友"。其后，许攸又追随袁绍于河北，成为其麾下主要智囊人物之一。对于这样一位有长期交谊的朋友兼臣僚，袁绍是不是表现得正常一点呢？否！他依然是同样的固执和骄傲。就在淳于琼奉命率军前去迎接粮队之后，许攸来见袁绍，进献了一条妙计,他说:"曹操兵少而以全力抗拒我军,则许都留守之军必定薄弱。如果分遣一支精锐骑兵,昼夜兼行,偷袭许都,那么不费大力即可攻克此城。然后奉天子以讨曹操,曹操必成阶下之囚。即使一时未能攻克许都,亦可使之陷入首尾难顾之势,破曹取胜,立马就能实现!"

许攸很冷静,他把眼光越过聚集了将近二十万众的官渡,瞄向敌方的腹心要害之地许都。当然,曾经对许都感兴趣者还不止他一位。六个月前,正当袁军渡河猛攻白马之际,就有一位局外人想出兵偷袭许都。这位善于捕捉机会者不是他人,即是"威震江东"的小霸王孙策。

孙策,字伯符,乃扬州吴郡富春县(今浙江省杭州市富阳区)人氏。其父孙坚,字文台,曾在袁术手下效命,是讨伐董卓联军中最先攻入洛阳的名将,后来在襄阳的岘山为袁术进攻刘表时,被暗箭射中而阵亡。孙坚死后,十七岁的长子孙策即继续统领余众。兴平二年(195年),二十一岁的孙策南渡长江,开始在扬州的江南部分谋求发展。数年之间,他先后攻占了江南的丹杨、吴、会稽、豫章和庐陵(治所分别在今安徽省宣城市、江苏省苏州市、浙江省绍兴市、江西省吉水县东北)这五个郡,以及江北的庐江郡(治所在今安徽省潜山市),从而控制了当时扬州的大部分核心地域。建安五年（200 年）四月，孙策悄悄动员兵马，准备对许都进行闪电式攻击。就在行动快要付诸实施之际，孙策却在一次郊外打猎中，突然被仇家的暗箭射伤，不治身亡。

孙策之骁勇善战，比起其父孙坚有过之而无不及。孙坚尚且能够打进比许都距离更远、防御更坚的洛阳，孙策岂有攻不下许都之理？果如是，那么官渡之战必将以袁绍大胜而结束，此后的天下将很难有曹操容身之地。然而历史大格局的变化，往往受制于某些偶然的因素。孙策此时偏偏要去打猎，身手矫捷勇猛的他，又偏偏被那枝利箭射中了面门。袁绍称霸天下的希望，冥冥之中即被无形之手一笔勾销了。

如果说孙策的命运并非袁绍所可左右，那么袁绍本人的命运，就完全在他自己的掌握之中。孙策未能进攻许都，你袁绍可以自己去攻打嘛，何必要他人相劝呢？何况许攸还特别点醒了这着妙棋！但是，对于许攸的建议，袁绍的答复只有一句话，他恨恨然说道："我就是先要在这里捉住曹操！"

原来，袁绍早已下令，要全军将士每人随身携带三尺短绳一根，一旦抓住曹操，就拿绳索绑了双手来见。他以为曹操已经成了笼中鸟、钩上鱼，只消再一伸手就可生擒活捉。既然只消再一伸手即可成功，他又岂肯到许都去开辟第二战场呢？

一句话把兴致勃勃的许攸顶得灰心丧气。恰好在这时，许攸又得到了一个坏消息，说是其家属在邺城因犯法被收审。许攸觉得在袁绍手下效劳已再无前途，于是把心一横，找了一个机会便跑去投了曹操。

曹操听说许攸前来投靠，高兴得连鞋都顾不及穿就跑出帐迎接。许攸初来乍到，便给光着脚板的新主公献了一份"厚礼"，他向曹操进计道："现今袁氏有上万车军粮，已经运到官渡以北四十里处的乌巢（今河南省原阳县南）一带，而且守军防备不严。如果以轻兵袭击，一炬而焚之，则不出三月，袁氏自败了！"

如此重要的情报和计谋，竟然得来全不费功夫，曹操愁云尽扫，笑逐颜开，立即着手布置一切。为了确保成功，他决定暂时将官渡大营放在次要的地位，自己要亲自领兵奔袭乌巢，前去放火烧粮。

先是在护粮兵力的配备上发生失误，接着又在第二战场的开辟上发生失误。两大失误中任何一次如果不发生，袁绍都还有取胜的希望。而两大失误接踵出现，袁绍就只有大败亏输这一条路可走了。

当天深夜，曹操留下曹洪、荀攸二人看守大营，亲自点起五千精兵，打起袁军的旗号，直奔四十里外的乌巢。一到乌巢，曹军便四处放起火来。袁军在睡梦中惊醒，也不知敌方来了多少人马，纷纷跳出营帐逃奔，秩序大乱。好在不久天边出现曙光，袁军主将淳于琼，望见来敌人数不多，便收聚部下将士，一边救火，一边抵抗。曹操这时也了解到，昨晚只焚烧了敌军的少部分粮车，他决定继续猛攻，以扩大战果。

早有快马将曹操亲自出攻乌巢的消息，报到了官渡袁绍的大营。是救，还是不救？袁绍思忖一刻，认为此时曹军官渡大营空虚，正好直捣其腹心。于是命令麾下骁将高览、张郃，率领大营的主力军团，立即猛攻敌阵。他对身边的长子袁谭说道："即使曹操攻破乌巢，而我攻拔其大营，他亦无处可归了！"

平心而论，袁绍这种各自攻击对方要害的还击手段还是可行的。但是，问题的关键在于，能否在曹操攻破乌巢之前，抢先拿下对方的大本营。如果先于曹操得手，自然可操胜算；相反，如果曹操先行得手的话，军心势必浮动，那么想要拿下对方的大营就很困难了。

受命进攻曹军大营的张郃，字俊乂，乃冀州河间国鄚县（今河北省任丘市北）人氏，后来曹魏异姓五虎上将之一。此人是一员智勇兼备的将领，他正担心不能先于曹操得手，所以马上向袁绍请求道："曹操自率精兵前往乌巢，必能攻破淳于琼等。琼等先破，则大事去矣，郃请先往乌巢去救援。"

袁绍尚未答话，那个成事不足败事有余的谋士郭图，便抢先反驳张郃道："张郃之言非上策。为今之计，当急攻其大营，则曹操必还，乌巢之急可不救自解。"

张郃只好点出问题的关键道："曹军大营极为坚固，攻之难以马上得手。如果乌巢先破，我们都将成为对方的俘虏了！"

统兵大将持不同意见，袁绍不能不加以考虑。但是，他仍然命张、高二将率主力军团急攻曹军大营，而只以少量轻骑兵驰援乌巢。这样，他便失去了最后一次可能破敌取胜的绝佳机会。

曹操得知袁军急攻自己的大本营，又发觉敌军骑兵来援，立即意识到能否抢先攻破乌巢，乃是生死存亡的关键，于是亲自擂起战鼓，督促麾下将士拼力死战，同时命令观察敌军骑兵前进情况的侍从道："敌骑来到我的身背后时，才准向我报告！"

兵家有云：置之死地而后生。曹军五千健儿见自己已经陷入腹背受敌的境地，统帅又率先垂范，视死如归，无不以一当十，奋勇争先。袁军抵挡不住，终于全线崩溃。

袁军主将淳于琼，以及将军眭元进、韩莒子、吕威璜、赵叡等人，全部阵亡。袁军所有粮食及其他军事物资，全部被焚烧得精光。曹操得手之后，迅速回军官渡，并且把从上千俘虏身上割下的成串鼻子向袁军展示。袁军士气顿时一落千丈。

听到众人对未能大力援救乌巢一事议论纷纷，郭图又羞又恼，竟然在袁绍面前进张郃的谗言道："张郃在乌巢失利后大为高兴，并对主公有不逊之言。"

袁绍信以为真，大为震怒。正在前线奋战的张郃很快得知消息，又气愤又担心。气愤的是自己信而见疑，忠而受谤；担心的是袁绍将会对自己下毒手，宝贵生命可能作无价值之牺牲。罢罢罢，良禽择木而栖，良臣择主而仕，我何不仿效许攸前去投奔曹公呢？张郃打定主意，便和知心同僚高览密商。那高览也认识到袁绍大败就在眼前，不愿与之同受灾祸，所以非常赞成老友改换门庭的主意。当下张郃与高览下令，焚烧进攻曹营所用的云梯之类器械，然后率领本部亲信部属，前往曹营投降去也。

这一突然性的变故，在袁军当中引起极大的惊扰和混乱。曹军抓住时机进行反击，袁军终于彻底崩溃，数以十万计的人马，在广阔的鸿沟水两岸平原上四散奔逃。

　　袁绍及其长子袁谭等，在帐下八百铁骑近卫兵护卫下，夺路向北疾驰百余里，当天渡过黄河，算是逃脱了性命。而官渡大营中的大批军事物资、图书档册、金银珍宝等，则全部成为曹军的战利品。袁绍的十万军队，被曹军俘虏了七八千人，其余除死伤者外，大部分乘乱逃散。这七八千俘虏，因有造反迹象，故而全部被曹操下令杀死，鸿沟水上，一片鲜血流红。

　　踌躇满志的曹操，开始上书向汉献帝报捷。按照当时的惯例，凡将帅出征，报捷文书均是"以一报十"。也就是斩首一，上报十；斩首十，上报百；斩首百，上报千，一律扩大十倍，以昭武功之赫赫。所以曹操的报捷文书这样写道：

　　　　绍宗族累世受国重恩，而凶逆无道，乃至于此。辄勒兵马，与战官渡。乘圣朝之威，得斩绍大将淳于琼等八人首，遂大破溃。绍与子谭轻身迸走。凡斩首七万余级，辎重财物巨亿。

　　但是，后世一些讲说三国者，不晓得当时"以一报十"的惯例，错误以为曹军真的斩首数目就是七万多颗脑袋，以讹传讹，误导读者，所以在此特作说明。

汉末魏初这二十余年间，天下干戈扰攘，攻伐不断。但是，在大大小小数以百计的战争中，真正能够对历史的大格局和总走向起了决定性作用者，当推官渡、赤壁和猇亭三大战役。首先爆发的官渡之战，决定了由曹操而不是袁绍，来统一当时中国的北方。此后，爆发于建安十三年（208 年）的赤壁（今湖北省赤壁市西北）之战，则把曹操的势力限制在长江以北，从而使三分鼎立格局初步奠定了基础。最后，爆发于魏文帝黄初三年（222 年）的猇亭（今湖北省宜昌市猇亭区）之战，则把蜀、吴两国的共同边界，固定在三峡一线，三分局面至此完全形成。由此可见，从东汉末年群雄割据的纷乱局面演化为三国鼎立，实由官渡之战开其端绪。

如果从用兵之道来观察，官渡、赤壁、猇亭三大战役还有以下一些有趣的共同之点：

其一是三大战中败北者，均为主动发起战争者，如袁绍，如曹操，如刘备；获胜者均为被迫迎战的后发制人者，如曹操，如周瑜和刘备，如陆逊。

其二是三大战中败北者，又均为对战双方主帅中的年长者，如袁绍年长于曹操，曹操年长于周瑜和刘备，刘备年长于陆逊。

其三是三大战中的胜利者，又是交战双方中兵力数量上较弱者，曹操、周瑜、陆逊都是如此。以弱胜强，乃是共同特色。

其四是三大战中获胜者，皆用火攻取胜，曹操用火烧粮，周瑜用火烧船，而陆逊则用火烧营寨。因此之故，我们可以形象地总结说，三国鼎立的局面，是一批后发制人而以弱胜强的青年英雄，放了三把大火而烧出来的！

曹操在官渡放了第一把火后，乘胜北进，追击袁绍。雄踞北方四州的袁绍袁本初，已经距离其末日不远了。这正是：

十万雄兵遭惨败，中原主宰看曹操。

要想知道袁绍在官渡惨败之后，曹操还能让他苟延残喘到几时，袁绍又怎样结束了自己的生命，请看下文分解。

第十七章

邺城末日

　　建安五年（200年）十月上旬，从官渡狼狈逃出的袁绍父子，渡过黄河，到达了冀州南大门黎阳县（今河南省浚县东）地界。

　　虽说已经踏上了冀州的州境，袁绍父子依然惊魂未定。不仅因为后面有曹操的追兵，黄河之上还有敌军的巡逻船只，更主要是因为袁军大败的消息传开后，冀州不少城邑的官长，纷纷倒戈投靠曹操。如果黎阳地界忽然杀出一彪人马，要把袁绍弄到曹操军前去献功，那将如何是好？袁绍瞅见随身侍卫之中，有人身上还带着那根准备捆绑曹操的三尺短绳，他心里不禁打了一个寒噤：这绳索莫非是我自己给自己预备的吧？

远远望见黎阳城南郊有一片营垒，一面大牙旗正在高高的杆顶迎风飘扬，袁绍知道：黎阳留守军队的大营到了。

留守黎阳的驻军约有三四千人马，其领兵将军姓蒋，名义渠，乃是袁绍麾下一员列于二三流的统兵官。要是在官渡之战前，这位蒋义渠将军在袁绍眼里只能算是一个区区小人物。但是现在而今眼目下，区区小人物却变成袁绍命运的主宰者了。

袁绍一行又饥又乏，不能不到蒋军大营中去休整一番。但是，万一蒋义渠想把自己绑到曹营去换高官厚爵呢？到了这时，他也只有听天由命了，于是数百残兵败将，径向那座大军营驰去。

蒋义渠平素虽未受到袁绍特别的提携和照顾，然而在此关键时刻，却一点未生异心。他得知主公大驾回还，赶忙出营迎接。他把袁绍迎至自己的大帐安息，刚到帐门之外，袁绍就一把抓住他的手说道："我的性命就完全付托于将军了！"

叱咤风云的汉朝大将军，说出如此可怜的话来，蒋义渠不由得心中一阵发酸。他只慨然吐出几个字："主公勿忧！"

　　当下蒋义渠便移居到另外一处营帐中居住，并把全军的指挥权拱手交给袁绍。到了这时，袁绍父子那惊扰不定之心，才算基本安定下来。他在黎阳略事休息后，随即起程回转邺城。

　　他回到邺城时，从陆续逃回的部属口中，听到了沮授被杀的消息。

　　原来，当袁绍夺路北逃时，沮授也随着动身。可惜他慢了一步，在途中被追兵赶上，遂被生擒活捉。

　　曹操与沮授有故旧之谊，而且对其才智相当看重。所以当兵士们把沮授押到曹操面前时，一贯爱才的曹操，立即命令手下为其松绑，亲亲切切地说道："地域分隔，久未谋面，不想今日竟得相见！"

　　沮授从容答道："袁公失策，自取破败。授智力交困，当然应该成为俘虏。"

　　曹操见对方语气温和，马上好言安抚道："本初无谋，不用君言。今天下纷乱十有余年，国家未得安定，正当与君共图大业！"

　　沮授根本不想改换门庭，所以明确表示态度说："授之叔父、老母、兄弟，俱在冀州，其生命悬于袁氏之手。今日被擒，唯愿速死，以保家门！"

曹操深受感动，不由得称赞道："我若早能得君，何忧不能平定天下啊！"

当下曹操便下令赦免沮授，并以之为幕僚，给予优厚待遇。但是，沮授一得自由，即想逃回冀州。不幸其行动被人察觉，曹操只得把他处死。

沮授宁死也不愿背叛自己，袁绍得知后心里多少有点不是滋味。但是，这种负疚之感很快就消失无余，代之而起的乃是一股强烈的恼怒。原来，他听到有人报告，说是关在监狱之中的田丰，正在嘲笑自己打了一个大败仗。

其实，这完全是旁人进的谗言。

袁绍当初临行前，曾把一再进谏的田丰丢监看管，等待自己回来后再行发落。官渡大败的消息传来，有人就对田丰说道："一切不出君之所料。此后君必定倍受主公重视了！"

殊不知对袁绍有深入了解的田丰，看法却完全不同。他仰天长叹一声，而后缓缓说道："袁公外表宽宏而内心忌刻，不能体察我之忠诚。我多次以直切之言进谏，使之不悦。如其大胜而欣喜，还有可能宽恕我。而今他大败而恼怒，内心的忌刻必定发作，我已经不抱生存之希望了！"

果不其然，袁绍回到邺城后，即对心腹谋士逢纪说道："冀州之人听说我出师失利，都可能原谅同情我。唯有田丰，此前曾多次进谏而我不纳，其反应可能与众不同。我也感到无颜见他。"

这逢纪品行不正，素来与田丰不睦，马上顺着袁绍的心理进了一番谗言，他说："田丰得知明公大军失利，曾在狱中拊掌大笑，为其预料果然成真而高兴不已！"

袁绍顿时大为恼怒，切齿骂道："我不用田丰之言，果然被他嘲笑！"他也不去调查核实是否确有其事，立即下达一道密令，把田丰处死于监狱之中。

袁绍麾下这两位最为忠诚、最具谋略的智囊人物，就这样先后死于非命，令人慨叹不已。

杀了田丰，去了心病，袁绍这才调集一批人马，前去扫荡冀州境内有心倾向曹操的城池。到了当年的年底，这些城池渐次平定，从官渡逃散的将士亦纷纷来归。袁绍的元气虽然大受伤损，河北四州的统治秩序却是基本恢复宁静了。

不过，曹操却不想让他有卷土重来的机会。

官渡大胜之后，曹操挥军北上跟踪追击袁绍，一直追到黄河南岸之滨方才停步。曹操倒是想打过黄河，到邺城去痛饮一番，可惜麾下将士疲劳已极，急需休整，再说自己的存粮也所剩不多了。

于是，曹操留下一部分军队守卫许都，自率主力军团取道东北，前往兖州东平国寿张县以西三十里，一处名叫安民（今山东省梁山县北）的地方去"就谷"。

所谓"就谷"，就是把饥饿军队领到有积粮之地去吃饭。粮食不动而人动，以人就粮，故称"就谷"。古代运输能力有限，以粮就人比较困难。所以在不必要以粮就人的情况下，统兵者往往以"就谷"的办法，来解决军粮的供应问题。

曹操把主力军队领到安民就谷，一边吃饭，一边休整。但是，他到安民的目的还不止于此。

打开历史地图即可看出：这安民在黄河南岸不远。其西北一百里多一点，有一处黄河渡口，名叫仓亭津（今山东省阳谷县北）。仓亭是当时黄河下游之重要渡口，位于延津东北约五百里。由此西渡黄河，向正西方向直去二百余里，便是袁绍的大本营邺城。曹操说是到安民去"就谷"，眼睛却是在这里瞄着河对面的袁绍。一旦他的将士吃饱喝足休息够了，就将从仓亭津西渡黄河，再给对方以毁灭性痛击。这就是曹操统领大军，大老远地跑到小小安民来就谷的深意所在。

转眼之间，就来到了建安六年（201年）的春天。此时的曹操忽然变了主意，准备领军南下去进攻荆州。据史籍所言，他改主意的主要原因，是认为自己的"粮少，不足与河北相支"，所以想趁袁绍刚刚被打败的间隔，南下去进攻荆州的刘表。但是只要细心一想，就会看出这只是曹操的托辞。试问，就近进攻新败之袁绍，如果都觉得军粮不足的话，那么远行千里奔向南方，去打那根基强固，"地方数千里，带甲十余万"的刘表，军粮不是更不够吃吗？事实上，曹操要想回头进攻荆州，其原因倒不在粮少，而在于担心南面的刘备，有可能借助刘表之力来偷袭许都。

前面说了，刘备在官渡决战爆发之前离开了袁绍，再度领兵来到汝南郡（治所在今河南省平舆县北）一带，骚扰曹操的后方。不久，他与汝南黄巾军的首领龚都相联合，组成有数千兵马的联军，声势不小。曹操派遣骁将蔡阳，领兵前去清剿，反倒被打得落花流水，蔡阳本人也死于乱军之中。曹操素来认为刘备是一位非凡的雄才，而今其羽翼渐渐丰满，且又在许都的肘腋之下频繁活动，这本已令曹操相当忧虑。而与刘备邻近的荆州牧刘表，新近又把拥护曹操的荆南诸郡一一平定，雄踞荆州七郡之地，麾下甲兵十余万。设若二刘合势，刘备在刘表的支持下进攻许都，那么刘姓天子岂不是要成为刘家人的囊中之物吗？随着二刘势力扩张的消息不断传来，曹操在安民越来越坐不住，所以这才有了回师南下的念头。

如果曹操此时真的杀向南方，与刘备以及刘表打个一年半载的话，那袁绍即可完全恢复元气，他此后的命运亦会有所不同。可惜的是，袁绍东山再起的机会，被曹操首席谋士荀彧的一席话打消了。荀彧当时立即劝阻曹操说："今袁绍初败，大众离心，宜乘其困顿之时，一举消灭之。大军舍此而南伐荆州，如袁绍死灰复燃，乘虚攻我后背，则明公大事去矣！"

曹操认为荀彧的意见很有道理。但是，如果完全置南方的威胁于不顾，全力进攻河北，那也未免过于冒险。经过慎重考虑，他决定采取如下的对策：先对袁绍发动一次快速的打击，使之在至少一年左右的时间里无法还手反攻；然后抓紧时间回师南下，一举荡平汝南的刘备势力，以解除自己的后顾之忧；最后又掉转兵锋，大举进河北，彻底消灭袁绍势力。

这是建安六年（201年）初夏四月，袁绍得到紧急报告，说是曹操的兵马已经从安民起程，直指仓亭渡口，意欲强渡黄河西进邺城。他大吃一惊，急忙率领最近才整编完毕的两三万部队，匆匆赶往仓亭津的西岸进行阻击。待他赶到仓亭渡口时，曹军前锋已经突破河防，在西岸登陆。袁绍认为敌军渡河之时，正是发起进攻的最佳时机，《孙子·行军篇》不是说过吗："客绝水而来，勿迎之于水内，令半济而击之，利。"于是他立即遵照孙子老师的教导，下令猛攻渡河过来之敌，一场血战又在黄河之滨展开。

由残兵败将仓促整编而成的袁军，犹如一个大病初愈的衰弱之身；而大胜之后在安民大吃饱饭休养半年的曹军，则像一个精力旺盛的强健之躯。所以两军一接战，即使是"半济"的曹军先锋，也就是渡过河来的一半军队，也令袁绍兵马招架不住。眼看曹军主力不断登陆增援，取胜无望，袁军上下无不惊惶，很快便重演了官渡崩溃逃亡的一幕。

在弃军逃跑上已老有经验的袁绍，此番溜得更加利索。他认定曹操将要进攻自己的大本营邺城，所以急着赶回去布置一切，必要时还得把家属往北边的幽州方向转移。然而令他感到意外的是，渡河的曹军并未跟着自己的足迹追过来。他们在仓亭津西岸略作停留后，随即沿河西上，再转头南下，径回许都去了。

袁绍垂头丧气回转邺城的大将军府邸，身体疲惫，心绪烦乱。在短短的半年间，自己竟然连连大败。官渡一战，尚能与曹操抗衡多时；仓亭一战，则近乎望风而逃，这简直使自己大将军的脸面扫地无存。他越想越羞惭又越气恼，一阵急火攻心，哇哇连吐几口鲜血，登时昏迷不省人事。

经过近一个时辰的抢救，袁绍终于从昏迷中苏醒转来。但是，他的身体和精神受此沉重的打击，变得渐渐衰弱和颓丧，后来竟至于一病不起。

东汉末年的割据群雄，在历史的大舞台上各自表演一番后，又各自匆匆消逝不返。如果考察他们离开历史大舞台的方式，或者说通俗一点，是他们的死法，主要有两种：一种是凶死，即被他人杀死，这是起兵逐鹿而惨遭失败者的常见死法，如董卓、吕布、公孙瓒、公孙渊、张邈、桥瑁和刘虞等，就都是如此。另一种是善终，即自然生病而死，如曹操、刘表、陶谦、刘焉、张鲁，以及后来当了皇帝的刘备和孙权，都是患病而亡，他们不是逐鹿的成功者，便是在边远之地割据一方的军阀。在以上两种方式之外，还有一种既非凶死亦非善终，既非他杀亦非自然病故的特别死法，即极度气恼而呕血身亡，这就是俗话所说的"气死"或"气煞"。

非常有趣的是，汉末割据群雄中，被气死的只有两人，而此两人还是同父异母兄弟，即袁术与袁绍。

前面说过，两年前袁术在淮南立足不住，一心想经过徐州去投袁绍。不料在徐州受到刘备和朱灵的堵截，只好回转淮南的寿春。当年六月，袁术部众开始断粮，连他本人的私家厨房之中，也只有麦屑三十斛而已。所谓的"麦屑"，即小麦的皮屑，后世民间叫作"麦麸皮"。小麦颗粒经过石磨磨碎之后，用筛子分离出面粉，剩余下来的部分就是麦麸皮了。

麦麸皮粗糙难以下咽，也难以消化，是饥饿缺粮时的充饥之物。时值盛暑，缺粮如此的袁术，竟然还想如往日一样饮两杯蜂蜜糖水，但是厨房中却没有蜂蜜。他独坐在暑热蒸腾的斗室之中，叹息许久，然后高声叫道："我袁术竟然到了如此的地步么！"

叫声刚落，他便口吐鲜血不止，旋即倒在床榻之下，气绝身亡。

老弟气死在先，老兄跟着气昏死在后，这种现象不是偶然，而有其必然原因。

如果请一位现今的医学家来分析，可能会认为二袁兄弟禀受了他们父亲的某些病态基因，形成支气管内血管壁的脆弱性，从而容易发生支气管大咯血。但是我们如果从其家世出身来看，还可以找到另外一些非生理性的原因。

二袁出自当时天下第一名门，自幼锦衣玉食，养尊处优。这种过于豪侈舒适的家庭环境，不仅造成了他们性格中自视甚高以至于把脸面尊荣看得极度重要的一面，而且还造成了他们性格中脆弱非常，因此难以经受外来打击的另一面。即以袁绍而论，自其入仕以来，基本上都是遇到顺境，特别是起兵讨董之后更是如此。久而久之，他对人世间尚有逆境存在的常态已经忘怀，一旦碰上逆境就会变得不知所措，只知道痛惜自己脸面而已。官渡和仓亭二战，他虽连遭失败，但是他此时仍然据有四州之地，其统治基础并未根本动摇。就地域之广阔和人口之众多来看，他依然列于割据群雄之首。如果要比处境的艰难，远的他比不上卧薪尝胆的勾践，近的他也比不上现时正在汝南一带打游击战的刘备。刘备起兵创业以来，十八年间，因受沉重打击而不得不投靠强者以寄人篱下，前后即有五次之多，其妻室儿女被人俘虏，前后亦有三次，真可谓屡起屡败，屡败屡起。不久他还要受到曹操的打击，使他不得不去荆州投靠刘表。就在这种极度艰难的情况下，他的意志依然坚强，雄心依然不减，到了四十七岁的头上，依然有慨叹髀肉复生之豪言壮语发出，从而请出诸葛孔明先生，重新打出一片新天下。反观袁绍，却是能伸而不能屈，能高而不能下，能胜而不能败，仅仅吃了两次败仗，便自觉无颜对人，以至于自伤其身而不能站起。说到底，本质上他还是纨绔子弟一个，算不得坚强无比百折不挠的创业英雄。

到了建安七年（202 年）仲夏，病骨支离的袁绍高卧楼头，一双失神的眼睛望着城北漳河的蜿蜒流水，心中却在回忆往昔的旧事。十二年前，也是在这漳河之滨，自己曾以关东联军盟主的非凡身份，登坛歃血，引会天下各路兵马，讨伐国贼董卓，那场面是何等的壮大，自己的声誉是何等的崇高。而今漳河之水依旧，自己的一世英名却付诸东流，扫地无余。上天呀上天，你怎么对我袁绍如此严酷呢？想到这里，他不由得心情又是一阵激动，顿时口中连吐鲜血，气绝身亡。这一天，据史书记载，是当年五月二十一日庚戌。他的终年，大约是虚岁四十九岁。

东汉末年割据群雄中，声名最高、实力最强的盟主袁绍，就这样从历史的大舞台上，狼狈下场而消逝了。这正是：

虎踞四州成往事，高门盟主命归天。

要想知道袁绍身亡之后，他的那些宝贝儿子们，能不能守住河北四州的偌大基业，请看下文分解。

第十八章

身死之后

　　对于袁绍之死，真正从内心感到悲伤者，倒还不是其亲属或部下，而是河北四州的普通老百姓。史籍曾描绘当时民众的真实反应说："绍为人政宽，百姓德之。河北士女莫不伤怨，市巷挥泪，如或丧亲。"说是袁绍这个人施政宽松，老百姓感激他的恩德；他所管辖的黄河以北地区，男男女女听到他的死讯都非常伤感，街巷中到处有人流泪，好比是父母亲死亡一般。

　　当时的语言中，将父亲或母亲简称为"亲"。因而上文所谓"丧亲"，就是死了父亲或者母亲。袁绍虽然个性骄矜，刚愎自用，为政却相当宽和，不搞残酷压榨，所以死后百姓哀痛，如丧考妣。纵观东汉末年割据群雄之中，身亡之后能受到民众如此感恩戴德者，似尚没有第二人。这一点值得肯定，不应该被埋没忽视。

但是，如果把视线深入袁家的内部，看到的又是另一番异常可怕的图景。

先看袁绍的妻室。他的原配嫡妻当时已经过世，除继室夫人刘氏之外，尚有宠妾五人。这刘氏平素对五位小妾恨之入骨，只不过怕惹丈夫动怒，才不敢对她们施加毒手。袁绍一死，刘氏想到的第一件事，就是好好发泄一番胸中积蓄多时之恶气。此时，丈夫的僵尸尚在卧榻之上，还没有正式进行殡殓。刘氏也顾不得这些，先把五名小妾召至密室之中，命令仆役将她们全部杀死。她还害怕五人的鬼魂到阴间去后，又将去迷惑袁绍，竟然喝令仆役把五人的头发全都剃光，脸上均以黑色颜料涂抹，从而破坏他们的五官面容。为了替老母亲出气，刘氏的小儿子袁尚，又派兵前往五名小妾的娘家，将其家属，不分老幼病残全部诛杀。上百条无辜生命，就这样冤冤枉枉成为袁绍的殉葬品。

妻妾相残过后，接着上演的便是子嗣相争。争什么呢？

当然是继承人的位置嘛。袁绍这个狠毒的继室夫人刘氏，生有三个儿子：长子袁谭，次子袁熙，小子袁尚，均已成年。母亲的为人如此恶劣，严重影响到儿子们的品格，导致的恶果就是子嗣之间对权位继承的残酷争夺，

在中国古代，贵族男子往往有妻有妾，子嗣自然不在少数，但是继承人的位置却只有一个。为了防止兄弟激烈相争，所以古人便确立了选择继承人的原则，也就是现今所说的游戏规则。这一游戏规则，记载于儒家经典《左传》昭公二十六年之中："王后无适，则择立长，年钧以德，德钧以卜。"意思是说，首先是看嫡妻是否生有儿子。如果生有儿子，且不止一人，那么就按年长者优先的原则进行选择。如果嫡妻没有生育儿子，那就只能在多位侧室的子嗣中选择，此时的原则是：先比年龄，年长者优先；年龄相同则比品德，品德高者优先；年龄、品德均相同，则比占卜结果，占卜结果好者优先。也就是说，选择继承人的标准是四个字，依次为"嫡、长、德、卜"。

按照以上原则，袁绍的原配嫡妻没有子嗣，就应当从继室夫人刘氏的三个子嗣中进行选择，其中作为长子的袁谭，就应当是符合条件的继承人。袁谭天资聪明，刚成年即出镇青州，有一定的军政才能，应当能够担当其父留下的职务。

但是，事情的结果却是反面：袁谭的继承人位置被人夺走了。为什么会这样呢？

俗话说："皇帝爱长子，百姓爱幺儿。"皇帝爱长子者，因为长子是其继承人也。草根百姓没有什么权位的继承问题，所以出自天性喜欢最萌最乖的幺儿。在东汉末年的割据群雄中，不少人却是像草根百姓那样，偏爱其年龄较小的儿子，而非长子。例如曹操爱曹植胜过爱曹丕，刘表爱刘琮胜过爱刘琦，孙权爱孙霸胜过爱孙和。袁绍也是如此，他爱小儿子袁尚，胜过爱长子袁谭。

袁尚外貌出众，姿容英俊，风度翩翩，从小就很得父母的欢心。刘氏心疼小儿子，屡屡向袁绍吹枕旁风，要丈夫立袁尚为继承人。袁绍也有此心，但他怕长子袁谭不服，便想出一个自以为妥当之极的办法来。

大约在初平四年（193年）前后，袁绍突然宣布：因考虑到兄长袁基此前全家被董卓诛杀，后嗣断绝，故决定以长子袁谭，出继袁基之后，并派袁谭前去镇守东面的青州。袁绍的想法是，让袁谭出继袁基，袁谭得到了一个继承人的位置，而自己的继承人位置则可改由袁尚来继承了，岂非两全其美么？所以他把袁谭打发到了青州，以免留在邺城与袁尚生事。

其实袁绍这个主意非常之愚蠢。他因为自己当初也是出继伯父袁成，从而摆脱了庶子身份得到了好处，所以把这套办法又用到长子的身上，以为可以安抚袁谭之心。但是他没有想到，袁谭并非如袁绍那样，母亲是卑贱的女奴，袁谭与袁尚乃是一母所生，而且还是大哥。而今他出继已然死去的伯父袁基，继承的只是一个空空泛泛的虚名，丢掉的却是实实在在的权位，他岂肯甘心？不肯甘心而且又拥兵青州，此后袁谭不是要同其弟大动干戈么？沮授最先看出这方面的严重隐患，所以立即劝阻袁绍说："世间有云：万人逐兔，一人获之，余人皆止，因其已有归属之故也。而且立嗣择年长，年钧以德，德钧以卜，此乃古代典制。愿明公上思先代成败之诫，下思逐兔有归之理，召回长公子。如其不改，祸乱就将从此开始了！"

袁绍马上为自己派袁谭出镇青州一事辩解道："我是想让诸子各据一州，从而好比较一番他们的才能。"

为了证明自己所言非虚，袁绍又把次子袁熙派往北面的幽州（主要地域在今北京市、河北省、辽宁省），把外甥高干派往西面的并州（主要地域在今山西省、陕西省、内蒙古自治区），唯独把小儿子袁尚留在身边。但是，他又不明确宣布自己的继承人就是袁尚。这种继承人不确定的状况，一直到他呕血身亡时亦未改变。

卧病的袁绍迟迟不定身后大事，麾下部属暗中便投下赌注，分为拥兄派和拥弟派两帮。拥兄派的首领是郭图和辛评，而拥弟派的首领则是逢纪和审配。双方各为其主，竭智尽力，使得家庭之间的兄弟之争，迅速扩大为部下之间的朋党之争。

袁绍撒手西归，拥立新主成为第一急务。按照大多数部属的看法，新主应当是镇守青州的长公子袁谭无疑。而拥护袁尚的审配、逢纪，深知袁谭一旦得立，自己的日子难过，便假称袁绍临终有口头遗嘱，抢在奔丧的袁谭到达邺城之前，公开拥立袁尚继承其父大将军兼督冀、青、幽、并四州军事的宝座。

待到袁谭风尘仆仆赶回邺城，父亲权位已经被老弟夺去，他自然是气愤不已。不过，想到老父尸体尚未入土，再说邺城现今是三弟的势力范围，所以他并没有马上发作。一俟丧事办完，他就自请到冀州的南大门黎阳县（今河南省浚县东）去镇守，以防曹军前来进攻。他的如意算盘是，我为你老弟出守河防前线，你总得给我配备一支强大的军队才是道理。强兵在手，而邺城近在咫尺，一有机会，夺回宝座岂非易事么？

但是，他的老弟早已提防到他的这一手。袁尚送了大哥一个车骑将军的高级军职，以示优崇，至于实际的兵马却给得不多。就是这少量的兵马，其指挥权也不完全属于袁谭，而要接受随军前来的逢纪监督。袁谭再三请求增兵，均被袁尚拒绝，袁谭一怒之下便杀了逢纪，把指挥权完全夺到手中。

袁尚闻讯大怒，正要给大哥一点颜色瞧瞧，却没有料到曹操的大军开始渡过黄河，强攻黎阳了。袁谭见势不妙，赶忙派人驰往邺城告急求援。袁尚此时，也只好把收拾大哥的念头放在一旁，亲提数万精兵驰援黎阳。袁、曹两军自建安七年（202年）九月，一直相持到次年的春天，依然不分胜负。

到了建安八年（203年）二月，袁氏兄弟被曹操击败，只得放弃黎阳，退回邺城固守。曹操乘胜北进，追至邺城之下。袁尚突出奇兵袭击曹军得手，曹操攻势受挫，赶忙召集幕僚商讨对策。

此时，曹操手下最杰出的谋臣郭嘉，进献了一条缓兵待变之计。这郭嘉字奉孝，乃豫州颍川郡阳翟县（今河南省禹州市）人氏。他当初曾在袁绍手下效劳，因见袁绍其人不好辅佐，且其手下谋士太多难以崭露头角，故而改投势力尚弱的曹操。一到曹操麾下，郭嘉奇谋迭出，很快就成为曹操最为得力的谋臣，而与荀彧、荀攸等比肩等列。曹操曾经感叹赞美说："唯奉孝为能知孤意！"可见其受信任之深。当下郭嘉从容说道："袁谭、袁尚兄弟，各有羽翼，争位方始。今攻之太急，则促使二人同心并力与我相持；若暂缓不攻，二人必将自相残杀。为今之计，不如回军南向，故作攻取荆州之形状，以待其变；内乱生而后击之，一举可定！"

曹操听了，不禁大喜，连连称善，立即传令回军。五月，曹操回到许都，略作休整后又提兵南下。他缓缓走出二百里地，到达与荆州接壤的豫州汝南郡西平县（今河南省舞阳县东南）境内后，便停下脚步，静候二袁相争的消息。

果然不出郭嘉所料，曹军刚一撤退，袁氏兄弟便在邺城大打出手。先是袁谭向老弟请兵去追击曹操，他陈述理由说："我手下精兵太少，故而不久前在黎阳受挫。现今曹军失利，士卒思归，趁其尚未南渡黄河，出兵掩袭，必可大胜。机不可失，时不再来，我愿领兵出击！"

袁尚心想：你老兄总是找些理由来向我要兵要将，且不说现时拨了精兵与你是否会马上用来打我，就是你真的用来打曹操，打败了是折损我的兵将，打胜了是长你的威风，横竖都该我吃亏，我岂能做如此的傻事？于是，他既不给大哥添兵，也不派兄长出击，干脆来一个置之不理。

袁谭要兵不成，不禁勃然大怒。此时郭图、辛评等追随左右的谋士，又来火上浇油，他们对袁谭告密说："将军本是先公的嫡长子，而使先公决定以将军出继伯父者，皆是审配等人屡进谗言的结果。"

提起出继一事，袁谭更是怒气勃生，不可抑止。当下他便点起麾下人马，杀向袁尚所居住的大将军府邸。袁尚早有防备，马上下令部属还击。一对同胞兄弟，就在亡父生母的面前兵戎相见，大打出手，都恨不得把对方置于死地，早把那温柔敦厚的经学世家门风抛到九霄云外去了。古人曾说过："君子之泽，五世而斩。"意思是贵族人家的好传统，传到第五代就会断绝无余。从袁家兄弟的表现来看，古人说得确实不错。

从此二袁兄弟便撕破了脸面。袁谭兵少不敌，在邺城外门一战大败，只得连夜逃回自己的根据地，即冀州勃海郡南皮县（今河北省南皮县北）。他一到南皮，即调集兵马准备反攻袁尚，此刻有一位正直明智的幕僚，叫作王修，向他诚恳进言道："兄弟者，如人之左右手也。如果弃兄弟而不亲，普天之下还有什么人可亲呢？今有小人从中挑拨离间，以谋自己的私利，万勿听其谗言。如果诛杀那几个谗佞的小人，兄弟重新亲睦，必可制服四方，横行天下！"

袁谭根本听不进王修的忠言。他正要提兵进攻邺城，不料老弟袁尚已统领大军杀到城下，他只得凭城固守。数日之后，形势危急，袁谭无可奈何，被迫溃围而出，南奔三百里，逃往青州平原郡的平原县（今山东省平原县南）。

袁尚跟踪追击，又把袁谭围在平原城中。走投无路的袁谭，竟听郭图之言，派人去向敌人曹操求救。古语云："兄弟阋于墙，而外御其侮。"说是兄弟们虽然在家门内打斗，可是一旦遇到外面势力的欺侮，却会马上共同抵御。如今袁谭一反常理，反而引狼入室以求自保，袁氏势力便进入了迅速崩溃的最后阶段了。

当袁谭的求救使者到达西平县时，一直在翘首企盼二袁相争消息的曹操，竟然对形势变得如此有利于自己而产生了怀疑。他怀疑二袁是在用计诱敌深入，故而迟迟没有采取行动，倒把求救的使者，急得来如热锅上的蚂蚁一般。

前来搬救兵的使者姓辛名毗，字佐治，也是豫州颍川郡阳翟县人氏，与曹操的谋臣郭嘉乃是同乡。曹操迟疑不决，辛毗只好央求郭嘉从中帮忙。郭嘉认为袁谭求救无诈，力劝曹操出兵以收渔人之利。曹操始终有点不放心，便把辛毗叫到面前亲自问道："袁将军求救之事真的可信么？"

那辛毗也极善言辞，他立即诚诚恳恳地回答道："明公无须考虑此事是真是诈，只消直接以情势来论断即可得到明确答案。袁氏兄弟相争，最初两人都以为外人不会插手其间，只要消灭吞并了对方，即可进而平定天下。现今已走到向明公求援之地步，其处境究竟如何，不是可想而知么？"

接下来辛毗又乘机进劝曹操，在打败袁尚后进取河北四州之地，就好像他不是袁谭派来搬救兵的特使，而是改换门庭前来投奔曹操的谋士一般。二袁前景不妙，辛毗这是在为自己安排后路了。

辛毗一席话，说得曹操疑虑全消。初冬十月，曹军大举北渡黄河，摆出一副要踏平邺城的模样，以试探对方虚实。袁尚得知消息，赶忙从平原前线撤军回邺城。袁谭趁机在后面追击老弟一番，以出胸中恶气，这也不必细说。

经过此次实际试探，曹操心中完全有了底。他决定先稳住袁谭，同时抓紧时间，做好全力进攻邺城的战前准备。当月，曹操派出媒人到平原城中下聘，为自己的儿子曹整订婚，女方就是袁谭的宝贝女儿。这种使用联姻来进行政治拉拢的手段，是当时政治舞台上常见的招数。下聘的使者出发后，曹操立刻领兵回返许都，开始备战并窥测时机。

建安九年（204 年）春正月，曹操经过充分准备后，再度挥师北上，渡过黄河，有心一举攻占邺城。他来到黎阳即止军不前，全力先行打通粮道。当时从黎阳深入冀州内地，主要依靠陆路的人畜力量来运输，相当艰难吃力。曹操决心开通一条水路，以更加省力便捷的舟船来进行粮运。在黎阳城西，有一条南北流向的小河流，其南端的源头，接近淇水向南汇入黄河的水口处，然后向北流入冀州内地。曹军在淇水的水口，以横断面为方形的大木桩，类似于后世的铁路枕木，成排打入河道之中，硬是把淇水阻断之后反流到这条小河之内，使之形成一条水量充沛的河道，这就是当时黄河北岸著名的水运主干线——白沟。而打入方形大木桩的地方，则被叫作"枋头"，后来变为兵家争夺的军事要津。

兵马未动，粮草先行。曹军在冀州的南大门全力打通粮道，其意欲何为，恐怕连普通的老百姓也很清楚。但是，情有好深，仇就有好深。就在大敌当前之时，袁尚仍然把打击大哥放在压倒一切的头号位置。暮春二月，袁尚留下审配镇守邺城，自率精兵再次前往东北五百里外的平原，进攻袁谭去了。

此时正是桃花水发之际，白沟粮道帆樯如林，通行无阻，所以袁尚前脚刚走，在黎阳的曹操立即挥兵北进，大举猛攻。当月，曹军数万人马将邺城团团围定，起土山，挖地道，开始了长达五个月之久的邺城攻坚战。

　　仲夏五月，曹操在邺城周围挖掘四十里长的深沟，引漳水灌城，城中军民病饿而死者超过一半之多。如此危急的时刻，袁尚依然在平原猛攻大哥不止。直到初秋七月，袁尚在平原打得筋疲力竭仍然未能得手，而邺城又危如累卵之时，他才抽调了一万多人马回援邺城。不料他刚刚在城西十七里处的滏水岸畔扎下营寨，就遭到曹军的迎头痛击，两战两败，部众彻底瓦解。袁尚侥幸逃脱，率领少数残兵败将，仓仓皇皇逃往正北六百里外的冀州中山国（治所在今河北省定州市）一带。

　　袁尚北逃，曹操立即加紧围攻邺城。八月初二日戊寅，曹军破城而入。经过激烈的巷战，审配等人被活捉，守城军民大部分死于屠刀之下。作为袁氏大本营的邺城，至此落入曹操的手中，而具有国色天香之貌的袁绍二媳妇甄氏，则成为曹操次子曹丕的战利品，后来生下了曹魏皇朝的魏明帝曹叡。

　　曹操得了邺城，马上开始收揽贤才，安抚百姓，并且亲自兼任冀州牧。为了笼络人心，他还特地到城郊袁绍的墓地上去哭吊一番，又把袁家财物原封不动退还。自此之后，曹操就把邺城选定为自己政治活动的中心基地，全力打造经营一番，然后在此发号施令，而汉献帝所在的许都，反倒变为摆设和陪衬了。

邺城及冀州大部丧失之后，袁氏兄弟即成无根之木、无源之水，两三年间迅速灭亡。

建安十年（205年）春正月，曹操以大军围攻袁谭于南皮，袁谭势孤不敌，临阵被杀，曹操取得青州。对于袁谭手下的河北名士，曹操尽力礼聘任用，唯独对郭图及其家属，却是尽诛不赦。奸佞小人郭图，倒是活该遭受如此下场；只是可怜他的家属，冤枉成为陪死之鬼。

建安十一年（206年）春三月，曹操亲领兵马攻破并州的军事要塞壶关（今山西省壶关县北），斩杀在此镇守的袁绍外甥高干，将并州纳入自己的控制范围。

建安十二年（207年）夏，曹操因袁尚、袁熙两兄弟一同奔往塞外，投靠势力强大的乌桓族单于，屡屡入塞侵扰边民，便亲率大军跋涉千里，出塞进攻乌桓。八月，曹军取道卢龙塞（今河北省喜峰口一带），直指乌桓族武装力量的大本营柳城（今辽宁省朝阳市西南）。中途在白狼山（今辽宁省喀喇沁左翼蒙古族自治县西南），与乌桓骑兵主力军团相遇，从袁绍手下投奔曹操的虎将张辽，奋勇向前冲锋，当场击败敌军，斩杀乌桓统帅蹋顿，俘虏对方军民二十余万人。混乱之中，袁氏兄弟再次逃脱，狼狈东奔，去投靠幽州辽东郡（治所在今辽宁省辽阳市）太守公孙康。十一月，公孙康杀死二袁，将其头颅送呈曹操请功。曹操下令悬挂袁尚首级于邺城的马市上示众。雄踞河北长达十六年之久的袁绍父子，即以这血淋淋的人头，向世人宣告自己命运的惨痛终结。

原本可以由袁绍来统一的黄河中下游整整八州之地，现在开始被曹操先后纳入其势力范围。原本可以由袁绍来完成的代汉称帝戏码，现在开始由曹操来粉墨登场亮丽出演。袁氏势力彻底覆灭的第二年，也就是建安十三年（208年），曹操着手经营南方，亲自统率千军万马进军荆州，由此爆发了奠定三分鼎立局面初始基础的赤壁（今湖北省赤壁市西北）之战。

老演员已然谢幕，新演员正在登场。在中国古代历史的大舞台上，又一出群英汇聚的精彩大戏开始了。这正是：

袁曹争战收金鼓，赤壁群英又上场。

本书至此结束，读者诸君如果意犹未尽，请看本系列的其他作品。

附录一

袁绍大事年谱

公元	干支	帝王年号	大　　事
154	甲午	汉桓帝 永兴二年	袁绍约在此年出生，虚岁一岁。生父袁逢，字周阳。生母为袁逢女婢，出身卑微。袁绍出生不久，即出继袁逢长兄袁成为子。袁成，字文开，早卒无子，故而袁逢以袁绍作为袁开的继承人。
173	癸丑	汉灵帝 熹平二年	二十岁左右。以郎官身份出任濮阳县长。在任期间，因出继之母病故而去官回乡，服丧三年。期满，又为出继之父袁成追加服丧三年。六年服丧期满，移家洛阳，散财养客，与张邈、何颙、许攸、曹操等人结为奔走之友。以交结朋党而又不应三公辟命，受到当权宦官注意。叔父袁隗责之，绍终不改。

公元	干支	帝王年号	大　　事
184	甲子	汉灵帝中平元年	三十一岁左右。应大将军何进辟召，为大将军府幕僚。不久以表现出色得任侍御史，迁虎贲中郎将。
188	戊辰	中平五年	三十五岁左右。秋八月，朝廷初置禁卫军西园八校尉，以小黄门蹇硕任上军校尉，为元帅。又以袁绍为中军校尉，曹操为典军校尉。
189	己巳	中平六年	三十六岁左右。四月，灵帝死，少帝刘辩立，何进以帝舅身份辅政，袁绍向何进建计尽诛宦官，何太后不从。袁绍又请征召董卓等人，率外兵入京以胁迫太后，董卓之乱自此发端。何进以袁绍为司隶校尉，监察宦官。八月，何进被宦官暗杀，袁绍起兵包围皇宫，捕杀宦官二千余人。宦官首领张让等，于二十七日庚午，劫持少帝及帝弟陈留王刘协，出宫北奔小平津。尚书卢植率兵追至黄河，尽杀宦官，卫护皇帝回城。次日，袁绍随公卿百官迎帝于北芒山下，董卓亦引兵来会。鲍信劝袁绍当场诛董卓，绍畏卓而不敢发。董卓入城，杀丁原，夺其兵，又收何进部众，势力大盛，乃自任司空，并提议废黜少帝，改立帝弟刘协。袁绍反对其议，悬节出京，潜往兖、冀二州，与关东州郡长官密谋起兵讨伐董卓。九月，董卓废少帝，立刘协，是为献帝。卓从伍琼等人之言，赦袁绍，以之为勃海郡太守，封邟乡侯。

公元	干支	帝王年号	大　　事
190	庚午	汉献帝 初平元年	三十七岁左右。春正月，关东诸州郡起兵声讨董卓，公推袁绍为盟主。绍与王匡屯河内，袁术屯南阳，韩馥屯邺县，余军皆屯酸枣。二月，董卓迁都长安。三月，董卓杀袁绍在京亲属五十余人。绍联军十余万，诸将皆畏董卓不前，每日唯置酒欢会。
191	辛未	初平二年	三十八岁左右。春正月，袁绍等人欲立幽州牧刘虞为帝，其弟袁术反对，刘虞亦坚辞不受，遂止。四月，董卓被袁术部将孙坚击败，乃放弃洛阳退往长安，从此关东诸军开始拥兵割据自相残杀。七月，袁绍借公孙瓒之力，逼冀州牧韩馥让位，夺得冀州。绍又遣部将周昂抢夺孙坚辖地，交战中杀死公孙瓒之弟。公孙瓒怒，乃出兵攻袁绍。
192	壬申	初平三年	三十九岁左右。春，袁绍与公孙瓒大战于界桥，大破瓒军，瓒败奔勃海。四月，王允、吕布谋杀董卓于长安。五月，董卓部将攻入长安，杀王允。吕布出逃，后奔投袁绍。十二月，曹操大破青州黄巾，得降卒三十万，势力大振，遂有"奉天子以令不臣"之意。
193	癸酉	初平四年	四十岁左右。春，以长子袁谭领兵攻取青州。朝廷派太仆赵岐调解关东州郡纷争，公孙瓒致书朝廷求和，绍引军南归。三月，至薄落津，闻朝廷遣军会同黑山军攻陷邺城。六月，绍自朝歌鹿肠山北上，连破黑山军营屯，收复邺城。吕布意存不满，求去，绍遣刺客暗杀布，未果。

公元	干支	帝王年号	大　事
194	甲戌	汉献帝兴平元年	四十一岁左右。绍攻公孙瓒，瓒筑易京居之，以观天下之变。
195	乙亥	兴平二年	四十二岁左右。七月，献帝思念旧京洛阳，离开长安东归。十二月，渡河至安邑。是时，沮授劝绍迎天子至邺，"挟天子而令诸侯，蓄士马以讨不庭"，绍不从。曹操攻张超于雍丘，臧洪为张超求救于袁绍。是时"袁曹方睦"，绍不救，洪遂与绍决裂。绍怒，攻洪于东郡，历年不下。
196	丙子	汉献帝建安元年	四十三岁左右。七月，献帝回到洛阳，皇宫残破，吃住困难。曹操在许县率兵入京。八月，曹操迁移献帝到临时首都许县，自任大将军，录尚书事，执掌朝政。九月，献帝下诏，责备袁绍"地广兵多而专自树党，不闻勤王之师，而但擅相攻伐"。时绍方破东郡，杀臧洪，得诏书后即上表辩解。十一月，朝廷以袁绍为太尉，绍以位在曹操之下为耻，不受。操遂将自己的大将军一职让给袁绍，自任司空而总揽朝政。
197	丁丑	建安二年	四十四岁左右。春，袁绍写信给曹操，辞语骄慢。时操方败于穰县，三月，乃遣使至邺，拜袁绍为大将军，兼督冀、青、幽、并四州，以安定其心；同时又正式任命袁绍长子袁谭为青州刺史。
198	戊寅	建安三年	四十五岁左右。春，曹操再攻张绣于穰县。田丰劝袁绍乘虚袭许县，绍不从。绍连年攻公孙瓒，不能克，乃写信致意，想要消除仇恨，瓒拒之。绍怒，大举兴兵攻瓒，围易京。

公元	干支	帝王年号	大　事
199	己卯	建安四年	四十六岁左右。春，袁绍攻破易京，杀公孙瓒，据有黄河以北四州之地。有称帝之意，以群僚反对而不果。秋，袁绍决心起兵十万，骑一万，南攻许都，沮授等人谏之，并进"缓搏"之计，绍不从，遣人招张绣，结刘表，连刘备，扰动汝南郡。
200	庚辰	建安五年	四十七岁左右。正月，曹操攻击刘备于徐州，田丰劝袁绍趁机急攻许都，绍不从。徐州破，刘备来奔，绍出邺城二百里亲迎。同月，袁绍移檄州郡，历数曹操罪恶，兴兵南下。二月，绍至黎阳，遣颜良渡河攻白马。四月，曹操自官渡东救白马，杀颜良，徙其军民及辎重回官渡。绍渡河，立营于延津之南，追击曹军，再败，大将文丑被杀。七月，袁绍进军阳武，并遣刘备至汝南联结刘表。八月，袁绍进军官渡，与曹军相持。十月，袁军乌巢粮队被敌袭击，全部存粮被焚毁；袁绍大将张郃、高览率众投降曹操，袁军大溃。绍与子谭北逃，渡河回冀州。绍出兵平定冀州城邑投降曹操者，并杀田丰。
201	辛巳	建安六年	四十八岁左右。四月，曹操出兵清剿黄河沿岸，袁绍再败于仓亭津，惭愤发病呕血。
202	壬午	建安七年	四十九岁左右。五月二十一日庚戌，袁绍呕血而死，少子袁尚继承其权位。长子袁谭争位失败，出屯黎阳。九月，曹操攻黎阳，袁尚自邺城前来救援。

续　表

公元	干支	帝王年号	大　事
203	癸未	建安八年	二月，袁谭、袁尚败，退守邺城。四月，曹操追至邺县，进攻不利，听从郭嘉计谋，回军南向。五月，曹军退，袁谭即进攻袁尚，败，引兵退回南皮县。八月，袁尚攻袁谭于南皮，谭大败，逃奔至平原郡。袁尚围平原，谭求救于曹操。十月，操至黎阳，将攻邺城，袁尚乃解围而回守邺城。
204	甲申	建安九年	二月，袁尚再攻袁谭于平原，曹操出动大军攻邺县。七月，尚还军救邺，大败，北奔中山。八月，曹操攻破邺城。九月，曹操自任冀州牧。十二月，操攻袁谭，谭自平原奔南皮。
205	乙酉	建安十年	正月，曹操破南皮县，杀袁谭，夺得青州。
206	丙戌	建安十一年	正月，曹操进攻高干于并州。三月，杀高干，夺得并州。
207	丁亥	建安十二年	夏，曹操率军出塞，攻击乌桓及袁尚、袁熙余众。八月，曹军大破乌桓于白狼山，二袁兄弟逃奔辽东投靠公孙康。十一月，公孙康杀袁尚、袁熙，以其头颅送献曹操，幽州平。 至此，袁氏势力被完全消灭，曹操统一了黄河中下游的八州之地，三分天下有其二，为此后的曹氏皇朝奠定了坚实的基础。而割据群雄的联军盟主，曾经大力提携过曹操，而且最有可能代汉称帝的袁绍，最终却成为彻底的失败者。

　　著者按：关于袁绍生年，史无明文记载。史文仅记其卒年，但又不言其死时年龄。因此，袁绍究竟生于何年，已无法确知。史载汉献帝建安八年（203年），曹操曾为儿子曹整聘袁绍长子袁谭之女为妻，袁谭随即送女至曹营完婚。虽说古人结婚早，此时袁女至少也在十四岁左右。如果袁谭十八岁得此女，而袁绍十八岁得袁谭，则袁绍若不死，此年当有五十岁以上。据此，袁绍生年当不晚于公元154年，比生于公元155年的曹操年长一点。在上述大事年谱中，即以公元154年作为袁绍的假定生年，从而标明其大约年龄。特此说明。

附录二

三国知识窗·风俗篇

姓氏

先秦时期的贵族社会,姓与氏有严格区分。姓是血缘基因的标识,主要用来区别婚姻,多以"女"字偏旁的字作标识,如姒、姬、嬴等,而血缘基因无法改变,所以姓也不能随便改变。氏是身份地位的标识,主要用来区别贵贱,而身份地位有可能改变,所以氏也就能够改变。刘邦以社会底层人物崛起而建立西汉皇朝,传统的贵族社会崩溃,姓与氏的严格区分也不能保持,二者开始混同,而且都能够改变。到了三国，改变姓氏的现象成风，根本因素是多年战乱。有的因年幼时被人收养而改，如曹真、马忠、王平。有的因避难而改，如枣祗。还有的是因姓氏的字形不好，如孙权臣僚是仪，原本叫氏仪。他过去的上司孔融嘲笑说："你这个'氏'字，是'民'字没有上面的头，不是目无上级的刁民吗？改成同音的'是'字就好了。"氏仪果真就改了。再如诸葛亮，先世原来姓葛，后来加一个"诸"字变成了诸葛。为何要改，史籍记载有两种说法：一种是西汉时其先世被封在琅邪郡诸县当侯爵，故加"诸"字以示荣光；另一种是葛家本来在琅邪郡诸县居住，后来迁到阳都县，而阳都先已有姓葛的，就加上诸县的"诸"字以示区别。

由于改变姓氏成风，曹魏的高士管宁，还专门写了一篇《氏姓论》，想要纠正这种他认为的不良风气。

名字

三国之人有名又有字，名和字在含义上有某种联系，而且名又多取单名。为何会如此，这与礼仪风俗密切相关。孙吴的君主孙休就说，出生就取名，是为了相互区别；长大成人后又取字，是避免在社交中直呼其名。可见有名之后又有字，是源自礼仪的需要，是要体现尊重他人和自谦。具体如何体现呢？与平辈人见面，熟悉的要称对方的字，不认识的则称"高明"，以示尊重；对自己则称名，以示谦恭。对长辈，要用适合对方身份的礼仪性尊称，不能称字，更不能称名。长辈的名，要绝对避讳直接称呼，所以又有"名讳"的词语。对下级或晚辈，称字更是尊重和亲切的表示，如刘备称诸葛亮为"孔明"，孙权称吕蒙为"子明"。这样一区分，礼貌就能够充分展现出来。所以这不是自找麻烦，而是礼仪和修养。

至于名多取单名，是为了容易避讳。如果取双名，要避讳的字就不是一个，而是两个，麻烦就大一倍。为了使别人容易避讳，孙休给四个儿子取单名时，还专门挑选极度生僻的字，写也难写，读更难读，就走到极端了。

张飞大喝长坂坡，为何自称其字说"身是张益德也"，因为这不是对朋友，而是对敌人。他的意思很明白：我小瞧你们，没把你们放在眼里！另外，张飞字益德，正史有明确的记载。而《三国演义》误改为"翼德"，以为只有"翼"才能与"飞"联系起来。其实，益德者，增加品德也，增加品德才能在事业上腾飞，这正是当时儒家思想盛行的体现，并非没有联系。

取名字喜用玄、德二字

三国人物的名字，喜用玄、德二字，也是值得注意的风俗。单就史书《三国志》正文及裴注所载，以"玄"入名者，如郑玄、桥玄、诸葛玄、夏侯玄、傅玄、韩玄、张玄、裴玄、陆玄、芮玄、楼玄、郭玄信、邓玄之。以"玄"取字者，如枣腆字玄方，郑默字思玄，胡烈字玄武，胡奋字玄威，胡岐字玄嶷，陈泰字玄伯，王浑字玄冲，王览字玄通，邓飏字玄茂，李秉字玄胄，华澹字玄骏，卜静字玄风，还有众所周知的刘备字玄德，等等。

以"德"入名者，如果是取单名，则多用"德"字的异体，即"悳"字，比如甄悳、郭悳、庞悳，这也是很有趣的现象。以"德"取字者极多，一般为双字，而且在双字的表字之中，又多将"德"字置于首字。其中见于《魏书》正文及注文者，如曹操字孟德，胡质字文德，杨修字德祖，金祎字德祎，伍琼字德瑜，韩嵩字德高，庚遁字德先，赵咨字德度，程普字德谋，孙惠字德施，应瑒字德琏，杜挚字德鲁，张既字德容，孙礼字德达，沐信字德并，崔林字德儒，马钧字德衡，诸葛铨字德林，时苗字德胄，韩寿字德贞等。见于《蜀书》正文及注文者，如刘备字玄德，张飞字益德，司马徽字德操，李恢字德昂，马忠字德信，五梁字德山，宗预字德艳，李仁字德贤，龚禄字德绪等。见于《吴书》正文及注文者，如阚泽字德润，程秉字德枢，华容字德蕤，殷礼字德嗣，徐原字德渊等。

"玄"是道家最为重视的哲学概念，而"德"是儒家最为强调的人格修养。东汉后期以来，儒道二家出现融合渗透的趋势，最终形成"名教"与"自然"同一的魏晋玄学。多用"玄""德"二字取名定字的风气，恰好发生在这一时期，绝非偶然，乃是儒道二家融合渗透现象在姓名文化上的折射。从这一角度来看，刘备的表字兼用"玄""德"二字，就更加具有象征性的意义了。

名刺与名谒

当时的人际交往，普遍流行使用名刺和名谒，类似于后世使用名片。1984 年安徽省马鞍山市孙吴大将朱然墓，曾出土朱然生前所用刺和谒的实物。两者都用薄木板制成，长度都是 24 厘米，正好是当时的 1 尺。刺的宽度只有 3.4 厘米，谒的宽度有 9.5 厘米，将近是刺的三倍。刺的厚度只有 0.6 厘米，而谒的厚度有 3.4 厘米，将近是刺的 6 倍。墨汁书写的措辞也不同。刺在正面的中央直写，措辞是"弟子朱然再拜 问起居 字义封"，字体是带楷体意味的隶书。谒在正面顶端中央书写"谒"字，再右起直行书写"×节右军师左大司马当阳侯丹杨朱然再拜"，字体也是带楷体意味的隶书。两者比较，刺的措辞比较谦恭、简单，不写官职、封爵，应当是用在拜访尊长辈分者。谒的措辞相当正式、繁复，应当是用在拜访平辈者。不难看出，谒与现今人们的名片最为相似，因为现今的名片，诸多头衔都全部写了出来。

学习与教材

要想了解三国时期人们的读书学习，较好的样本是曹魏的大臣钟会。他母亲给他安排的计划是：四岁发蒙，学《孝经》；七岁学《论语》；八岁学《诗经》；十岁学《尚书》；十一岁学《易经》；十二岁学《左传》《国语》；十三岁学《周礼》《礼记》；十五岁离家到京城的太学，深入研习语言文字学。其中的《孝经》《论语》，是常见的少年儿童启蒙教材。

但是，更有效的学习形式，还是成年人自学。自学的教材没有定式，遵循"急用先学，活学活用"的实用性原则。例如，刘备叮嘱刘禅看《汉书》《礼记》、诸子、《六韬》《商君书》，孙权要求吕蒙急读《孙子》《六韬》《左传》《国语》《史记》《汉书》《东观汉记》。两者开的书单，有史书、兵书、法家几大类，都是与处理军国大事密切相关的实用性书籍。至于曹操，史载他统兵三十余年，手不舍书，白昼讲兵书，夜晚读史传，还亲自撰写兵书十余万言，连好学的孙权也称赞他是"老而好学"的标兵模范。曹操所读，也是兵书、史书等实用书籍。三国的君臣，在金戈铁马沙场血战之中，都在抓紧分秒读书充电，在这方面也展示出强烈竞争的态势。因此，三国的竞争，从这一角度说来，也是读书学习的竞争。

诸葛亮读书"观其大略"

史书记载，诸葛亮与徐庶、石韬、孟建在荆州读书，三人"务于精熟"，而他独"观其大略"。所谓"观其大略"，绝非随便看个大概就了事。徐庶三人的"务于精熟"，走的是东汉儒生读书的老路，即先熟读儒经，再通过官方儒经考试，入仕做官。对儒经不精熟，便会考不及格，丢掉前程。可见务于精熟，乃是应试教育的产物，只能培养出循规蹈矩的守旧官僚。诸葛亮不想当守旧官僚，要想成为文武全才。他所需要的知识，是历史观、大局观的明确指导，是治国统兵的重大借鉴等。要达到这样的目的，把浩繁经典的字词句读得再精熟也没有用，必须"观其大略"。也就是说，书目选取上，要从大处着眼，有用者才读，不是每本都读；阅读方法上，要选取有用的精华，重点吸收，而非面面俱到。他之所以能在隆中对策中就展现出非凡的大局观，能在赤壁之战中提出联吴抗曹的大谋略等，都得益于读书学习的"观其大略"，绝非对儒经"务在精熟"的迂阔书生所能做到。曹魏的名臣贾逵，读书也是"略览大义，取其可用"，可见当时有识之士，在学习方面已经兴起了新风尚。

隐逸之风与啸

《三国志》记载，诸葛亮隐居隆中时，喜欢在山林中独自长啸。当时的啸，有学者认为类似后世的吹口哨。但是，根据汉晋时期典籍中相关的解释和描述，当时的啸，具有六个特点：一是运用口腔发声。二是没有固定旋律，即兴而为。三是没有歌词配合。四是音域高，响遏行云。五是音量大，回荡山谷。六是音质多变，可以模仿各种乐器发声。很显然，这六点都绝非吹口哨能够做到。另外，当时也用啸来形容虎豹、猿猴的高声长鸣，而动物是不能吹口哨的。因此，啸更像现今歌唱发声练习和口技的综合，确实有一点歌唱无歌词海豚音的意味。

三国之时，多有避世的士人隐居山林。而啸则是隐逸名士表现自己高远情致的一种特殊风俗，诸葛亮是如此，此后的阮籍和苏门山无名隐者也是如此。

曹操对付人质劫持的绝招

东汉以来人质劫持成风，进入三国的酝酿阶段也是如此。这种风气的蔓延，与长期以来人们总是顾及人质的安全，从而完全满足劫持者要求的柔性对付方法密切相关。后来，曹操手下第一位大将夏侯惇，竟然也被吕布派遣的假投降将领劫持，勒索巨额财物，后世因此奉送夏侯惇一个"肉票将军"的讽刺性绰号。夏侯惇的部将韩浩，统兵将劫持者围住，然后高声向夏侯惇道歉说："末将只能执行国法了！"言毕，指挥将士挥动兵器一拥而上，劫持者吓得赶紧缴械投降。曹操得知此事后，对韩浩的处置办法大为赞赏，立即明令宣布："今后凡有劫持事件再次发生，严厉禁止与歹徒作任何妥协谈判，一律马上采取武力严惩，不必顾虑人质的安全！"号令一下，人质劫持之风迅速就被刹住。这就是曹操对付人质劫持行之有效的绝招。

饮酒之风

三国之人饮酒也饮茶，但以饮酒之风最盛行。曹操的诗句"何以解忧，唯有杜康"，就是著名的饮酒歌。那时的酒，有从西域传进来的葡萄酒，但是这酒很珍稀，不容易得到。普遍流行的，是本土自酿的米酒，以稻米、稷米或粟米酿成，类似后世的醪糟酒。现今流行的白酒，经高温蒸馏，酒精度数很高，那时还没有。但是，米酒醇厚的也能醉人，孙吴老将程普就说过："与周公瑾交往，如同饮醇酒，不知不觉就陶醉了！"酒能忘忧，酒能尽欢，酒能祭神献祖，也能败家亡国。孔融最喜欢"座上客常满，樽中酒不空"。郑泉最向往能有一艘装满美酒、美食的大船，睡在船上日夜痛饮，任船漂流四方。但是酿酒要耗用米粮，大灾荒一来，究竟是吃饭还是吃酒，就成为问题。曹魏、蜀汉风气好一点，灾荒缺粮，就禁止酿酒。刘备将老百姓家中放有酿酒器具但实际并未酿酒者，一律视同违背禁酒令的现行犯严加处置。下属简雍借机调侃他，为何不将道路上行走的男人、女人都抓起来，视为现行通奸犯处置呢，这些人身上也有作案的"工具"呀，刘备听了哈哈大笑，就将这样的人犯释放了。南方的孙吴，盛产酿酒的稻米，温润气候又适宜酿酒，于是朝野酒风大盛。孙权、孙皓爷孙二人，都经常大摆酒宴招待群臣，而且他们的酒宴比项羽的鸿门宴还要恐怖：臣僚如果不喝，喝了如果不喝醉，当场就有可能要你的小命。总之，饮酒之风兴盛，是三国社会的特色之一。

食物

当时常见的主食，干饭类有小米饭、麦粒饭、蔬菜饭、稻米饭等。前三种比较粗糙，是平民的主食。精细加工的稻米饭，则是干饭类的上品。魏文帝曹丕就认为，长江以南，以长沙郡（治所在今湖南省长沙市）的米为最好，但也比不上江北新城郡（治所在今湖北省房县）的粳稻米，煮出的米饭可以五里飘香。稀饭类的粥，老年人常用，也用于赈灾。孙吴的朱桓在余姚县当县长，遇到疾病蔓延，饥民痛苦，立即开仓煮粥赈济百姓。至于主食的面食类，凡是有用水和面的程序者，当时总称为"饼"。根据加工方法和外形的不同，又有数十种名目。常见者，有类似后世馒头的蒸饼，类似后世水煮面片的汤饼，类似后世芝麻烧饼的胡饼等。魏明帝曹叡怀疑何晏脸色皎白是搽了粉所致，就在宫中请何晏吃汤饼，吃得何晏大汗淋漓，不断用衣袖擦汗，结果擦干汗水之后皮肤反而更加白净。一个叫作孙宾硕的人在市场上卖胡饼，一只胡饼三十钱。

当时的蔬菜，常见有芜菁、韭菜等，前者即今大头菜。刘备投靠曹操时，就曾闭门谢客，在家中菜园种芜菁，以示处世淡泊无心介入政治。至于水果就多了，有甜瓜、朱李、桃、梨、枣、梅、柑橘、葡萄等，孔融让梨、望梅止渴、陆绩怀橘，就是与当时人物和水果相关的流行成语。

至于肉食，常见的有猪、羊、牛肉，鸡、鱼等。其中的顶级美味，要数江南的生鱼脍，就是切得比较细小的生鱼片。

做生鱼脍的最好鱼种，淡水鱼是产自松江的四鳃鲈鱼，海水鱼是东海的鲻鱼。鲻鱼去刺，细细切片，再配上益州特产的蜀姜调制，这道绝佳配合的人间美味，乃是孙权的最爱。由于太爱吃生鱼脍，那位被刘备称赞备至的广陵太守陈登，因此得了严重的寄生虫病。幸亏找到神医华佗，服下特效的驱虫药，竟然吐出三升多的寄生虫，虫头红色，蠢蠢欲动，相当恐怖吓人。后来陈登竟然因这一爱好而丢掉性命，这顶级美味的诱人魅力真是不小啊！